青春文学精品集

# 幸福是
# 手拉手的小小约定

《语文报》编写组　选编

时代文艺出版社

图书在版编目（CIP）数据

幸福是手拉手的小小约定 /《语文报》编写组选编.
-- 长春：时代文艺出版社, 2022.3
（青春文学精品集萃丛书. 幸福系列）
ISBN 978-7-5387-6982-1

Ⅰ.①幸… Ⅱ.①语… Ⅲ.①作文－中小学－选集
Ⅳ.①H194.5

中国版本图书馆CIP数据核字(2022)第028942号

## 幸福是手拉手的小小约定

XINGFU SHI SHOULASHOU DE XIAOXIAO YUEDING

《语文报》编写组　选编

出 品 人：陈　琛
责任编辑：邢　雪
装帧设计：任　奕
排版制作：隋淑凤

出版发行：时代文艺出版社
地　　址：长春市福祉大路5788号　龙腾国际大厦A座15层　（130118）
电　　话：0431-81629751（总编办）　　0431-81629755（发行部）
官方微博：weibo.com/tlapress
开　　本：650mm×910mm　1/16
字　　数：135千字
印　　张：11
印　　刷：永清县晔盛亚胶印有限公司
版　　次：2022年3月第1版
印　　次：2022年3月第1次印刷
定　　价：38.00元

图书如有印装错误　请寄回印厂调换

# 编 委 会

主　　编：刘应伦

编　　委：刘应伦　赵　静　李音霞

　　　　　郭　斐　刘瑞霞　王素红

　　　　　金星闪　周　起　华晓隽

　　　　　何发祥　朱晓东　陈　颖

　　　　　段岩霞　刘学强

本册主编：何发祥　陈秀华

# Contents
# 目　录

## 你我走过的日子

## 栀子花飘啊飘

## 并蒂莲的记忆

## 我和月亮说悄悄话

## 幸福的微笑

幸福是手拉手的小小约定

## 心中的彩虹

你我走过的日子

# 第一次摘酸枣

吴晓艳

刚刚起身的太阳，从东方的岭背后探出了头。它像牛车的轱辘那么大，像熔化的铁汁一样红。真是天公作美。今天我们要去干一件你听了准会流口水的事——摘酸枣。大概因为这是"第一次"的缘故吧，我心里总有一种说不出的兴奋。

约定的时间一到，我和小伙伴便上路了，大家边走边玩。啊！大自然真是美极了！吸一口清晨的空气，是那么新鲜，里面还多少夹杂着一点儿野花的香味和泥土的气息。在前面不远处的地堰上，盛开着一片片黄色的野菊花，给梯田镶上了橙黄的花边。我们飞奔过去，每人采了一大把……

我们笑着，走着，一片酸枣林映入眼帘。只见红通通的小圆珠挂满枝头，这简直是一片玛瑙世界啊！我迫不及待地伸手就摘。"哎哟！"我的手被酸枣刺毫不客气地扎了一下，钻心般地痛。我把手靠近嘴边哈着，再也不敢轻举妄动了。再看看小伙伴们，人家的动作是：左手小心翼翼地捏住枣树没刺的地方，右手则小心灵活地避开刺，轻轻地摘下一颗又一颗"小精灵"。看那麻利劲儿，他们不一会儿就能装满一兜。小兰一扭头，见我举着一只右手，站着不动，便猜到是我的手被扎了。她走过来，先给了我一颗红酸枣。我赶紧把它放进嘴里，轻轻一咬，一股酸溜溜、甜丝丝的味道直往味蕾里钻，顿时勾起了我肚子里的馋虫，直到小兰又让我吃了一颗才暂时解了馋。于是我急切地让小兰教给我摘酸枣的方法，不一会儿我就"出徒"了。后来小伙伴们越摘越精，找来木棍向枣树一阵乱打，一个个"小精灵"便蹦跳着离开妈妈，乖乖地躺在了地上。打完了，我们大把大把地将酸枣收进衣袋，直到所有的口袋都被撑得鼓鼓的才住了手。

告别酸枣林，我们走上了回家的路。尝一颗劳动的果实，酸中带甜，香脆可口，简直是世上珍品。

# 春天的校园

祝星宇

阳春三月，暖风扑面，我的学校到处都生机勃勃的。

"叽叽喳喳……"喔，原来是小鸟呼唤我出来赏春景啦！我们来到操场上，操场旁边种满了树，什么铁树、四季青、水杉……拿水杉来说吧。水杉又高又瘦，树干只有一个盘子那么大，站在远处，一棵棵仿佛是来迎接春姑娘的。那丝丝嫩叶在阳光下是那么的可爱，让人看了感觉非常舒服。草坪上，小草露出了尖芽，钻出土来看看这个奇妙而又美丽的世界。花园里的花儿们也毫不示弱，五彩缤纷的，有黄的、蓝的、红里泛白的、紫里带白的，这是多么美妙的世界，使我眼花缭乱。勤劳的小蜜蜂们正提着篮子采蜜呢！花儿们竞相开放，为春姑娘的到来增添色彩。

校园里的春天既美妙又快乐。

你瞧！同学们在空旷场地上，玩着"老鹰捉小鸡"的游戏。"快，鸡妈妈，宝宝要被抓到了。我好害怕！""鸡妈妈"挺身而出拦截了老奸巨猾的"老鹰"。"老鹰"盯准了一个目标扑了上去，谁知，聪明机智的"小鸡宝宝们"一闪，只听见一声凄惨的哀号，"老鹰"扑空摔倒在地上。"小鸡宝宝们"拍手叫好，谁知"老鹰"趁着"小鸡宝宝们"放松戒备，瞬间爬了起来，一下捕了不少，一数七八个呢！其余幸存的"小鸡宝宝们"惊惶失措，"老鹰"正好来个乘人之危，瞬间全部抓完了。大家你看我，我看你，不禁笑了。

多么美好的春天呀！欢声笑语回荡在春天的校园。

# 春　雪

程钊汝

　　"大雪年年有，不在三九就在四九。"古老的谚语未必回回都是灵验的。这不，立春几天之后，天气骤然暖了起来，那门前的柳树在泛绿，那墙角的小草在吐芽，那吹面的风儿是那样的轻柔。于是，冬装脱了，快准备春装吧！

　　谁知，夜晚几阵风之后，便是潇潇的春雨。春雨过后，天气突然变冷，伴随着的是鹅毛般的大雪。

　　呵呵，冬天又来了啊！

　　你瞧，草上、树上、瓦上、山上都积满了厚厚的雪，成了粉妆玉砌的世界。真是令人难以相信，春天还有如此美丽的雪景！仿佛一夜之间，千树万树梨花开。

　　孩子们也起床了，大家又惊又喜，纷纷来到草场上，唱呀，跳呀，互相追逐着，欢笑着，好像久违的朋友在他乡相遇，相互拥抱，尽情地吐露着心声。

　　天放晴了，太阳拨开云雾，发出金灿灿的光芒，大自然又是另一番景象。雪慢慢地融化了，水珠从屋檐上滴下来，落在松软的土地上，滴滴答答的，多么像春天的脚步呀；微风吹过竹林，玉屑似的雪末簌簌地落下，在阳光中成了五光十色的彩虹；溪水潺潺地流，更加清澈见底，而较深的地方，则碧绿如蓝，好似一块无瑕的翡翠；水鸟在水边叫得更欢了，它们时而钻入水中，时而飞入草丛；放眼望去，田野里像是铺了一张巨大的棉被，庄稼们仿佛都在"春眠"呢！

　　春雪，你给我们带来了新的欢喜，新的希望，新的起点。

# 妈妈爱我，我爱妈妈

贺琦钦

世界上最伟大的爱莫过于母爱！世界上最让母亲感动的莫过于孩子回报的爱！我和妈妈的爱就像一个纽结，彼此缠绕，彼此关心，彼此呵护。

我感谢妈妈，因为是她十月怀胎将我带到了这个多姿多彩的世界；因为是她十年如一日，含辛茹苦地将我抚养长大；更是因为她给了我比江海还要长还要深的母爱。

我清楚地记得，那年我大腿疼痛，走路一跛一跛的，在县人民医院和中医院多次检查，都不知是什么原因。妈妈急坏了，整宿整宿地哭，生怕我会因此而留下残疾。于是妈妈丢下繁忙的工作，把我送到重庆儿科医院找专家检查。经过检查，才知是因为感冒久了引起的大腿滑膜发炎。专家开了一服药，叫我每天进行两三次热敷，坚持半个月就会好。回到家，妈妈不忘医嘱，天天烧开水泡药，对我的大腿进行热敷。半个月之后，我的大腿不再疼痛，走路也不再一跛一跛的，妈妈那颗悬着的心才落了下来。

我还清楚地记得，有一次我因为不愿做作业而撒谎，妈妈知道了，她一巴掌扇到我的脸上，顿时我的脸火辣辣的，而妈妈则瘫坐在地上。晚上，当我听到了妈妈的啜泣声时，我明白了妈妈为什么打得那么狠：恨铁不成钢！妈妈对我的爱有关心，也有"狠"心，无论怎样，它始终都扣在一个字上，那就是"爱"！一种负责的母爱！

妈妈对我的爱，就像孟郊写的那句诗："谁言寸草心，报得三春晖。"妈妈的爱，我应该怎样报答呢？

我常常自己学着做饭洗碗，自己收拾自己的房间，自己洗澡洗衣服，试着帮妈妈分担一些家务活；一有好吃的东西，我总是先让妈妈品尝。尽管如此，每当看着妈妈拖着疲惫的身躯下班回家时，酸酸的感觉便涌上心头。不知为何，我时常觉得自己太懦弱、太不孝了！

在一年中，有三个日子我记得特别牢：母亲节、教师节和妈妈的生日。每到母亲节这天，我会用零用钱为妈妈买上一束美丽芬芳的康乃馨；每到教师节这天，我会买上一束火红火红的玫瑰献给妈妈；每到妈妈的生日这天，我会送上一个生日蛋糕来表达我的祝福。当我看到妈妈那一脸的满足和欣慰时，我想，也许这也是一种报答吧！

妈妈爱我，她给我的是深深的母爱；我爱妈妈，我给她的是浓浓的子爱。我们的爱将会永远持续下去，我们的爱将会渗透到家庭中的每一个细节！

# 难忘那次烧烤

邓湛宝

今天是星期天，我和钰婷在快餐店吃着脆脆的鸡翅。看着她满嘴的碎屑，我不禁想起了春节那次烧烤……

我家和钰婷家的几个人围着火炉坐下来，每个人的叉子上都叉着自己喜欢的东西。我也拿了两个鸡翅正小心地烤。旁边的弟弟太心急了，急切地盼着鸡翅快点儿熟，他就能大饱口福了。于是，他把鸡翅放在火红的木炭中烧。"哧——"油在火中不断地响着，烧得蓝色的火苗蹿得好高，乐得弟弟合不拢嘴。可他拿出鸡翅来看时，却发现鸡翅烧焦了，黑得像一块木炭。弟弟顿时像泄了气的皮球一样，闷闷不乐地坐在那儿，等着瓜分大家的劳动成果。他嘟着的嘴能挂一个油瓶了，大家见了都哈哈大笑起来。

我吸取了他的教训，连忙把鸡翅移到离火高一点儿的地方，耐心地边烤边翻。鸡翅终于烤好了，黄黄的，散发出一阵阵诱人的香味，馋得我口水都流了出来，我迫不及待地往嘴里送。"哎哟！"烫到舌头了。我吞又吞不下，吐又舍不得，真是狼狈极了。旁边的钰婷、弟弟、妹妹也好不了多少，有的烫到了嘴，有的烫到了手，还有的没烤熟就往嘴里送……真是一群小馋猫！

不知不觉，烧烤结束了。这时，钰婷望着我，突然捧腹大笑起来，原来我的脸黑黑的，成了个"大花猫"。这时，大家你望望我，我望望你，笑成了一团，因为个个都被抹了"黑胭脂"！

　　那真是一场别有趣味的烧烤啊！

# 美好的春天

宋芷汀

冬天，已悄然而去，迎来的是四季中最美好的季节——春天。

春天是个欢快的季节。春天一来，无论小溪，还是江河，所有的脉管都欢腾起来。春天一来，无论草木、动物，还是人类，所有的细胞都活跃起来。

春天是个悠扬的季节，有冰河开启的咔吧声，有露珠落地的滴答声，有燕子的呢喃声，有小鸟的喳喳声，还有那"随风潜入夜，润物细无声"的喜雨声，这些声音合奏成一曲悠扬的春之歌。

春天是个多味的季节，有田里散发出的微腥的黄土味，有草木萌发的嫩草味，有先泄漏春光的柳絮味，还有"红杏枝头春意闹"的繁花味。在春天里，每一株草木都像一个美容师，浓妆艳抹，把自己打扮得漂漂亮亮，还把自身特有的香味传到很远很远，让我们每个人都能闻到春天的气息。

春天是个播种希望的季节。农民伯伯播下了对丰收的希望，小动物们播下了对生命的希望，年幼的孩子播下了对读书的希望，我们播下了奋起学习的希望。

啊！春天是个美好的季节，让我们也像在春天争芳斗艳的花儿一样，站在新的起跑线上，一起拼搏吧！

# 五十年后的地球

谢世鸿

　　这天，我正在玩电脑游戏，突然屏幕一片空白，随后出现了一行字："五十年后的地球。"我好奇地点击它，原来是一些画面，我便看了起来。

　　画面上出现一座城市，一幢幢高楼拔地而起，楼与楼之间几乎没有空隙；马路上汽车拥堵得如同一条长龙；天空中的飞机数不胜数，和汽车一起排放"毒气"。虽然城市很大，但绿化在城市中犹如茫茫大海中的一个小岛。海洋上的船只多得互相撞击，浅海的鱼儿全"逃"到了深海。工业废气、废水、废物到处乱排，使得天空、陆地里的生物全部退化到海里，同时也加剧了土地的沙漠化，陆地上大部分土壤已成沙漠。海里水草丛生，使船只纷纷沉没。有的地方沉满船只，使得海水上涨，陆地渐渐变小，人类危在旦夕……这真令我吃惊！

　　突然，我眼前一黑，哇！我自己也进入了五十年后的地球。我坐在一张长凳上。"不，不，放我回去！"我大声嚷道。一个人走过来，对我说："这么繁华的地方，不可以大声吵闹！"啊？这也是繁华的地方？虽然有很多高楼大厦，但这些高楼大厦都屹立在茫茫沙漠之中。"我看你这个人蛮正直的，我带你去找食物吧。"那人说道。"啊？食物还要找啊？"我再一次吃惊。"怎么不要找？现在由于那些可恶的工厂不断排放毒气，污染环境，我们要吃的那些动物都跑到海里去了。所以我们只能坐潜水艇下海去找了。"他伤感地说道。"那你们怎么不种田？"我打破砂锅问到底。他有些不耐烦："自从人类发明了机器人后，人类便变得越来越懒惰，连菜都不想种了。""啊！"我第三次惊讶道。说着说着，我们便走到海边，坐潜水艇下海……

哇！人类如今变成这样的了，这就是我们不爱护环境，使得环境恶化的结果。要是人们从此痛改前非、保护环境，五十年后的地球一定不会这么糟糕的！

# 秋日倾城，秋月未央

刘慧莹

秋天的红枫似火，秋天的微风和煦，秋天的日光倾城，秋天的月色未央。

——题记

秋天是一个好季节。在不知不觉中掺入了些许夏的豪放与冬的凛冽，偶尔还带着春的柔情满怀。她迈过平原，迈过山峦，迈过原野，英姿飒爽地绽放在南国之巅，遥望江山万里。我们见到她时，她就站在那里，目光辽远而悠长。你不知她的内涵有多丰富。

秋风掠过，撩起空气中浮动的宁静气息。吹过那些已沉睡的树木，泛黄的枯叶就纷纷落下；经过田畔，金黄的麦浪洋溢着温暖，阳光洒在上面，镀了一层金光。秋风停在了红红的夕阳肩上，停在了少女的发梢。

午后的阳光柔和且温暖。你可以在阳台上捧一杯咖啡，读一本书。春天的午后还有些微寒，夏天太热，冬天太冷，只有这个时间正好。这时你完全可以放下平日所忙的学业、工作，只专注地享受。某一天的日光照耀在你的身上，那一天的日光倾城。

　　枫叶的红燃烧了一季的热情，张扬而肆意，这是任何一种枝头的枯叶都无可比拟的美。枫林的地上铺了一层厚厚的红锦，风裹着红叶翩翩起舞。嫩绿的叶子太娇柔，枯黄的叶子太憔悴，只有这一处红叶别有一番情致。映着晚霞，映着残阳，映着朝朝暮暮不相似的景色，它无论何时，都是那样一个鲜艳明媚的样子，灿烂了一个秋天。在那个季节，有一片红枫林，用明媚的红，明媚了这一季的颜色。

　　月亮最思念。在每个如水的夜晚，她在星星点点的微光中微微一笑。她有着神秘而凄清的色彩，用冷漠与孤寂来镌刻她的清高。她是不施粉黛、不染铅华的九天女神。月盈也好，月缺也罢。一夕成环、夕夕成玦不是她所愿。秋天的月亮显得冷静与从容，不管天下人如何盼如何念，她始终不为所动，该盈则盈，该缺则缺。很多人怨恨过她，总在离别时分外圆；也有很多人颂扬她，写过许多美丽的诗歌。她承载了太多离别的感情。于是，在那一个秋天，在繁华落幕的时候，在那片漆黑如墨的天上，月亮凝视着人间数千载的离合悲欢，用阴晴圆缺来讲述她自己的故事。

　　秋天，用微风，用红叶，用月色，来书写她的千般风华。秋的意境深远，她不像夏的大胆与热烈，也不像春的不胜娇羞，她有自己的风骨。任花开花落，云卷云舒，秋在流年里翩然而舞，把流年唱成一首歌。秋天是最美的那首。

# 卖草编的老人

黄杨锋慧

　　冬日的中午，积雪还未融化，点点残雪散落在各处。气温低得惊人，路上的行人更是少得可怜。可阳光却不畏这刺骨的寒意，竭尽所能，散发着光和热，全力阻止着寒意的侵袭，倒也添了几分暖意。

　　上完兴趣班，我散步回家，远远望见路口坐着一个人。走近些看，是一位大约六十几岁的老人，身着靛蓝色的衣服，坐在路口的石阶上。他佝偻着背，略显单薄的衣物在寒风中飘动着，一顶已经掉色的灰色绒帽似乎是全身最保暖的物件了。老人似乎正忙着什么，手中的活儿一直没停下。冷了，他便哈一口气，搓一搓手，继续忙。

　　走近了，我终于看清了老人手中的活儿——老人正用草编织着各式各样的小动物。也不知是哪里的草，绿得出奇，全然不似冬日里的衰败气象。这草细得很，倒也极具柔韧性。老人将细草重叠在一起，一根压着一根。老人的双手交错着，上下翻飞着，一抽、一拉、一折、一压，根根交错，却也整齐。老人面前有一根竹竿，上面系着已经做好的小动物，蜻蜓、蝴蝶、青蛙……这本不属于冬天的物件，此时却以最生机盎然的姿态——绿色，给严寒的冬日注入一丝活力。

这栩栩如生的草编勾起了我的童心，我忍不住俯下身来，轻轻抚摸着那个蝴蝶。

"爷爷，这个蝴蝶多少钱啊？"我问道，心里早已对那个蝴蝶爱不释手。

"三元。"爷爷笑着回答道，眼角的鱼尾纹泛起时光留下的涟漪。

"这么便宜？"我大呼出声，"这个蝴蝶做工这么精美，肯定不止值三元啊！更何况，爷爷您已经在这里做了这么久了，就是手工费也不止三元啊！"我不禁为老人感到惋惜。

"哪里哪里，"老人摆摆手，脸上却浮上了淡淡的笑意，"我也老了，干不了什么粗活，但总得做点儿啥吧。我也不指望能做啥大事，也就是靠自个儿的手艺编几个小物件。冬天了，人也闷了，这几个小玩意儿虽不是什么高科技，却也有点儿技术含量呢！能给大家找点儿乐子，我也就心满意足了。"老人饱经风霜的脸上渐渐绽开一丛笑，从前额到眼睛，再到嘴角，逐步展开。他那一双清亮的眼睛放出光来，透着一股祥和淡定，仿佛在无声地告诉人们，什么是幸福。

买下草蝴蝶，告别老人，我独自走在回家的路上。正午的阳光温暖着整个世界。正如我手中的这只草蝴蝶，用它独特的方式唤醒着春天。

# 红 包 事 件

王 杉

秋风瑟瑟，枫叶飘零，又是一个惆怅的季节。伴随成长的节奏，泪水早已不再轻易流淌，能拨动心弦的终究只有那最脆弱却最永久的亲情。面对眼前的倦鸟余花，我始终无法忘怀那次令人难过的红包事件。

在我的记忆中，她总是不停地和我争吵，她总是那么唠叨，那么偏心。

那一天，远在他乡的姑姑来到了我家，原本欢乐的气氛却在将要告别的那一刻被沉重的气氛冲淡了。离别时，姑姑将两个红包分别塞入我和弟弟的手中，正当我们高兴不已时，奶奶突然说："不行，不行，不能拿姑姑的钱，姑姑都给你们买那么多好吃的了，快还给姑姑。"说着，奶奶开始从弟弟的手里夺，弟弟死死地拽住红包不愿交出。姑姑被逗得"扑哧"笑出了声，说道："妈，我那么久来一次，给孩子们点儿零花钱是应该的。"奶奶是个死要面子的人，于是又急忙对我说："你比弟弟大，不能不懂事了。"那严肃而又坚决的语气使我不得不交出红包。但我心中的委屈早已触动了泪泉，泪花瞬间溢满了我的眼眶。

姑姑离开后，我满肚子的委屈与愤怒终于爆发了。我大声哭闹着，埋怨奶奶的偏心，痛恨她的做作，就连她的劝说，甚至连她的道歉似乎也让我觉得厌烦。不知哭了多久，闹了多久，我觉得很疲倦，倒头便在沙发上迷迷糊糊地睡着了。

我的耳边回归了宁静，只有梦中的几声哭喊。睡梦间，朦胧中传来妈妈的声音："妈，您去打针吧，家里的碗我收拾，您得注意您的血压。""知道了，别忘了给丫头盖床被子，丫头身体弱，别给冻着了……"

梦中，那老人开始对我微笑，那一幅幅送我上学、为我洗衣的画面瞬间浮现在我的眼前。渐渐的，那位老人离我越来越远，我不断地追逐那熟悉的背影，得到的却只剩"奶奶、奶奶"的空灵回声。

噩梦使我猛然惊醒，我不经意触碰到被子的温暖，还好，是梦。我依然拥有最慈祥的奶奶，瞬间泪水洇湿了枕头。

红包事件曾经令我难过，是我自以为奶奶偏心，但现在令我难过的是我和奶奶在一起生活这么多年，而我却不能懂得奶奶给我的爱。

# 你我走过的日子

魏嘉兵

　　淡淡的金辉透过翻滚着的云浪，与远处的山峦和谐交融，桌上一杯醇香浓郁的碧螺春吐出缕缕青雾。你的笑容在缥缈的雾气中浮现，一对眼眸将这即将消逝的美丽留了下来。画面开始倒带，越来越快，回到你我走过的那段如梦的时光。

　　耀眼的阳光钻过翠绿的竹林，铺洒在高低错落的花丛中。田野里，你挑着一桶桶清水在菜地间来回忙碌着，似乎整个世界都被你用载满关爱的水花，浇灌得如梦幻一般美好轻盈。我呼吸着湿润的空气，坐在竹林间静静地看着你，对你傻笑。有时我还对你扔块小石子，你回过头来看看我，目光里满是慈爱。你额头上晶莹的汗珠滴落下来，滋润了这早春的阳光，野花小草也轻轻地吟唱着，时间却在你沉稳的脚步中慢慢流走。

　　傍晚，晚霞依旧耀眼，绯红的云朵飘浮在天边，与你我手中的风筝嬉戏。你说你累了，跑不动了。我于是也停下，陪着你一道走回家。回到院子里，你端出一杯热气腾腾的碧螺春和一杯热牛奶。我把热牛奶放在一边，拉着你到老槐树下的青石板上坐着。"爷爷，我来帮您捶背吧。"我对你说。"好，孙子乖。"

你笑呵呵地背对着我。小鼓似的咚咚声在你厚实的背上响起，我肉团似的小手有节奏地敲着，你的笑容如花般展开，柔美的歌声从你饱经风霜的嘴唇轻盈地飘出，如秋千般来回晃荡在我的心里。日子一天天随着你的歌声远去。

在那如梦的童年里，你长长的烟斗下总是有我笨拙地拿着火柴的小手，你宽阔的肩膀上总是有我摇摇晃晃的小脚，你的身旁总是有我欢快追逐的身影，年复一年……

这样的岁月不知过了多久，我该进城读书了。还是那片翠竹林，花朵们开得正艳，只是那耀眼阳光不知去哪儿了。你干脆利落地砍下一根绿油油的翠竹，说是要为我做一支箫。你把它架在岩石上，用膝盖抵着，握一把柴刀在上面专心地削着，嘴里还不停地念叨："外面有刺，不弄干净了，得伤手啊！"我当时并不为离开你而感到不舍，仍旧跑出去与伙伴们玩。直到天色晚了，该走了，我回到田野与你道别，才发现你仍旧坐在岩石上削着竹子，面无表情地削着，不停地削着。

我已忘了我是怎样离开的，总之没来得及收下那支你未做完的箫。

你我走过的日子像一条小鱼，在水里游来游去，想捉住它时，它已经跑了。

深蓝的天空被窗棂划成几块，我捧起早已凉透的碧螺春，轻轻地一抿，童年熟悉的家乡味涌上心头。终于在此刻，我感受到你我之间浓浓的爱意，爷爷，那支箫你给我留着，它见证着你我走过的日子。也许，我明天就回来。

栀子花飘啊飘

# 栀子花飘啊飘

童 健

栀子花又在飘香了。

暗香浮动的夜晚,我推开成堆的作业,干脆让思绪随微微袭来的晚风飘去吧。

"下个星期一,我们要去素质教育基地。"班主任高声宣布道,"明天每个同学交八十块钱活动费。""哇——"教室里顿时惊喜得像炸开了锅。

"嘿!我姐去过那儿,可好玩了!"

"啊,老爸老妈管不着了,我可以解放几天了!我是一只小小小小鸟……""大仙"一下蹿到凳子上,手舞足蹈地卖弄起他那破锣般的公鸭嗓子。

"黛玉,我可要跟你睡上下铺的,好吗?"

"啊……哦。""黛玉"慌张地从书中抬起头来,似乎全然没在意大家在说什么。

老师要我负责收钱。我把名单数了三遍,还差一个人。是谁没交钱呢?唉,这个"黛玉"小姐最近不知又在揣摩什么大作,整天心思沉沉的。

"黛玉，下午一定别忘了把钱带来啊，否则就来不及了。"

"我……我……" "黛玉"那双会说话的大眼睛今天竟变得躲躲闪闪的，言语也吞吞吐吐的，半天我才听清，原来是说："我不去了。"

"为什么？"我大吃一惊。"黛玉"的嘴唇不自然地动了几下，但终没有出声。

"黛玉"平时可不是这个样子的，一定有什么难言苦衷。我断定。我必须查清楚。

私下里我连续找了"黛玉"的另外几个"死党"，谁知道她们都是一个劲儿地摇头："无可奉告。"住在"黛玉"楼下的"百灵"和我的关系有点儿铁，我把希望寄托在她身上。世上就有这么巧的事——不久前，"百灵"到"黛玉"家家请教难题，无意中在她的书桌上发现了一本摊开的日记，上面赫然写道："妈妈失业了，奶奶又病了，我真担心妈妈一个人快要撑不住了……"

怎么办？我得抓紧时间想办法帮助"黛玉"。我们班不能缺少她。于是我悄悄地找来几个班干部商量办法。

"不如我们几个凑点儿钱帮她交一下吧。"班长老大为人就是爽快，话还没说完钱就掏了出来。

"好主意。我妈一听说基地生活苦，偷偷多给了我三十块钱。我估计用不了这么多。" "猴哥"也开始解囊了。

"我这肥立志要减。零钱多了放在口袋里，老是勾引我的馋虫！"被几个同学戏称为"胖委会主任"的玉玉也不含糊。

"嘿！主任口袋向来捂得比上拉链还紧，今天却大方起来，我给二十块吧。" "大侠"粗声嚷道。

"我这只有二十块了。"

栀子花飘啊飘

"我多八块呢！"

"够了，够了！哦，我说一句啊，大家要守口如瓶啊，这事只有我们几个知道。"

"明白！"

动身去基地的头天下午放学时，我悄悄走到"黛玉"的桌前，说："喂，老班要我告诉你，你大小姐去基地的费用，学校申请给免了。"

"真的吗？""黛玉"的眼里放射出数日以来少见的神采。

"我骗过你吗？不过你得答应我，和我睡上下铺。"

"没问题。不过你得告诉我，学校为什么要免我的费用啊？"

"这可是无可奉告了，当然要知道详情，得看你在基地的表现咯——"

在基地的那几天，"黛玉"和我们一起抢菜抢饭；斗地主，画得满脸都是乌龟。听着她那一阵阵银铃般的笑声，同学们一个个越发心花怒放。

一阵浓郁的花香又飘袭过来。我猛地一惊，深吸一口，浑身的毛孔仿佛都透溢着醉意。摊开课本，取出笔，继续我的加减乘除……

# 多想喊一声"爸爸"

路红笙

当老师为学生掏出真心，动了真情的时候，再顽皮的孩子也会感动。

记得三年前，我还是一个上二年级的儿童。爸爸妈妈送我去少年宫学习绘画，可我就是不太专心，有时候还十分调皮。上课时，老师一边仔细地讲解下笔的方法、步骤，一边在黑板上示范作画给我们看。可我，不是和同学们讲话就是做小动作，惹得老师不时地扫视我。

有一回，我趁老师转身在黑板上画画的时候，在下面做鬼脸，逗得大家哈哈大笑。老师严肃地走过来，但并没有声色俱厉地批评我一顿，只是和蔼地在我的头上轻轻地拍了拍，就走开了。课堂顿时一片安静，我当时十分纳闷儿：老师怎么会知道我做了小动作呢？

还有一回，我上课玩遥控小汽车。老师发现后，静悄悄地走到我身边，把小汽车收走了。当时，我又害怕又恼恨，既怕老师发火而凶狠地批评我，又恼恨老师没收了我的小汽车。我真恨不得和老师胡搅蛮缠地吵闹一顿，但我终没这个胆量，因为老师会告诉爸爸妈妈。

最让我难忘的一回，也是我感动得热泪盈眶的一回，那件事也发生在课堂上。

这一回，我一反常态，上课时老老实实地趴在课桌上，没精打采地听着课。老师看到我有些异样，便不时地用那慈祥的目光打量我。当他讲完课，画完画，便径直地朝我走来，低声地亲切地问我："怎么了，是不是哪儿不舒服啊？"当时，我是一声不吭，皱着眉头，手捂着肚子，眼里噙着泪花。老师当时看同学们都捂着鼻子，大概也闻到了异味，就用他那温暖的大手拉着我来到了厕所。看来，他似乎知道了一切。老师迅速地找来了盆子、毛巾，还打来了热水，他为我洗了一遍又一遍，然后用毛巾擦干了我的身体，并快速地用大毛巾把我裹了起来。当时，一股暖流涌遍了我的全身和心里。这之后，他还为我洗了脏裤子，给我换了一件干净的衣服……看着老师做的一切，我的泪水流了下来。

我真想喊一声"爸爸"，可我没有这个勇气。

如今，我已是毕业班的学生了，我忘不了那位绘画老师，我多想喊他一声"爸爸"啊！

# 我是这样的男孩子

殷明超

我叫殷明超，阳新县长河村人。2005年春节前的一天，我匆匆赶到这个世界，和人们一道欢度春天的节日。

都说七坐八爬，可我十个月大时，竟还不能很好地坐起来，这可急坏了我的爸爸和妈妈，以为我是一个天生的残疾儿。正当一家人准备带我去医院，不料我能独立地走路了，而且比同龄的孩子走得又快又好。

我没上幼儿园，七岁时，我直接升入了一年级，就读于村里的小学。

二年级时，我以一首动听的儿歌，赢得了"六一"儿童节"文艺小能人"的称号，我和爸爸妈妈的合影还上了学校的宣传栏。

三年级时，我喜欢上了写日记。我天天写，虽然错别字很多，但这并不影响我写作的积极性。到现在，我已有一大摞日记本了。

四年级时，身高似乎是一夜蹿了上来，我在班上成了小"巨人"，也成了体育课上的"明星"。可惜爱好一多，学习成绩就与个子成了反比例的关系，爸爸妈妈见了我不是摇头，就是叹气。

五年级的第二学期，我们班来了一位新的语文老师：他说话幽默风趣，字也写得漂亮；更让我们佩服的是，我们能经常在报纸上看到他写的文章。奇怪的是，我竟忘了自己的爱好，听从了他的教导。从此，我的名字排在了考试和竞赛光荣榜的前列。

六年级时，我迷上了自行车，为显车技，竟把一个胳膊摔骨折。现在还记得，我是吊着绷带走进了小学毕业考试的考场。还好，我笑着考完了所有的科目，成绩自然也是不错的……

现在我要成为中学生，自然是不爱哭了，但好像比过去更爱笑了；爸爸妈妈见了我，更是笑得合不拢嘴。

# 女儿心中的雕像

张　琼

　　我的家在江心小洲上，我每天上学都得走过漫漫沙滩，蹚过小河，翻过那高高的江堤。于是每天接送我上学、放学就成了母亲的"工作"之一。她每次都将我送到堤上，看我下了堤坡，跳跃在乡间小路上，才转身回去；晚上放学时，她又早早地守在堤上，接我回家。

　　幼时，我最爱伏在妈妈温暖的肩膀上，双手搂过她的脖子，听她边走边讲那些有趣的故事。调皮的我还不时顺手将油菜花、紫云英插在她那乌黑的头发上，引来她几声低低的笑骂。现在想来，那段上学的路竟承载了我童年生活中最快乐的时光之一。

　　每天放学后，总能看见这样一幅美丽的画面：湛蓝的天幕下扯落了漫天飞霞，绚丽的背景衬着它守望的身影，成为一道绝佳的风景。那时我总是撒开脚丫子飞跑起来，最后一头扎进妈妈的怀抱。妈妈，您可知道，这一幅美景已成为女儿心中永不褪色的名画。

　　冬天，北风呼啸起来了，最艰苦的时候到了。凛冽的寒风将堤坝罩上了一层坚冰，走一步，滑三滑，稍不留神，便会滚下堤坡。这时，妈妈总是背起她年幼的女儿，佝偻着背，用力抓住坡上残存的枯草，在光滑的堤坝上艰难地攀行，任寒风灌进她的脖颈，任雪花落满了她的发梢……待到放学时，她又早早地守在堤上，漫天的风雪团团裹着她，早已将她塑成了一尊洁白的雕像。那时，母亲的"雕像"便成了女儿心中温暖的灯塔。我总是欢叫着扑过去，将冻僵的小手塞进她温暖的怀里，犹如一只小鸟扑进了温馨的暖巢。

寒来暑往，在妈妈的呵护下，我顺利地读完了小学。进中学后我在学校住宿，再也不用妈妈每天接送了。可是妈妈的身影早已在我心中定格为一尊永不磨蚀的雕像。

于是每周放学后，远远地望见那守望在堤上的熟悉身影，一种久违的感动便在全身弥漫开来，我心中充满了温馨与幸福。

# 春 节 回 乡

张 敏

大年初一，我还在睡梦中就听到妈妈的叫喊声："小敏，快起来！等下我们回老家，给你爷爷奶奶拜年去！"自从爸妈调往县城工作，我就随他们转到了县城读书。因为爸妈工作忙，回老家的交通也不方便，三年来，我们一直没回过老家。在我的记忆中，老家的山路全部是泥路，坑坑洼洼的，房屋破破旧旧，到处都是粪堆，厕所里苍蝇乱飞，无处下脚。想到这些，我有点儿不乐意地起床穿衣。

我上车不久就睡着了。不知过了多久，妈妈推醒我，叫我下车。

下了车，我简直不敢相信自己的眼睛，一切都变了，我一个劲儿地问妈妈："我们是不是下错了车？"妈妈激动地说："没错，我们到家了！"眼前的景象令我惊呆了：在电影、电视里见过的乡村怎么会出现在这里？平坦宽阔的公路伸向远方，山坡上到处是绿色的柚子树。公路两边的小村庄，一栋栋漂亮的小洋楼错落有致地屹立在花林丛中，外墙都贴着亮光闪闪的瓷砖，前院都种着一盆盆奇花异草。这不像市政广场旁边的别墅吗？我们沿

栀子花飘啊飘

着乡村大道往前走，隐约听到汽车的马达声。妈妈告诉我，这是因为赣粤高速公路在我们村后穿过。啊？才几年，连高速公路都修进我们山里来了。

不知不觉就到了奶奶家，只见爷爷奶奶站在粉刷一新的楼房前，笑呵呵地对我说："小敏，你们回来啦！"我惊奇地发现，奶奶家门口的手摇井没有了，取而代之的是自来水龙头。我尝了一口，比城里的自来水还清甜。

我跟着妈妈帮奶奶做饭时，发现柴灶已经换成了液化气灶，我东摸摸，西瞧瞧。奶奶见我惊讶的表情，就说："这不是液化气灶，是干净节能的沼气灶，火苗比你家的还大呢！这都是新农村建设'三清''三改'带来的好处呀！"

饭后，爷爷还带我参观了村里的休闲场所，那里娱乐设施齐全、环境优美，令人心旷神怡。

家乡的变化可真大呀，以后我要常回老家，不然我真的要迷路了。

# 我来到了天涯海角

朱佳沁

天涯海角是海南最著名的旅游景点之一。这不，我们今天就来到了天涯海角。

听许多来过天涯海角的人说，到了这里，似乎有一种到了天地之尽头的感觉。

我们来到天涯海角景点的大门口，望着波澜壮阔的大海，享受着碧水蓝天一色的奇丽景象，不禁惊叹大自然的神奇。

我们沿着沙滩往天涯海角走去，赤脚走在沙滩上，海浪一个接一个向我们打来，海水打在身上感觉凉丝丝的，十分的舒服惬意。我边走边拾贝壳，这儿的贝壳大多完好无损，五彩缤纷，形状各异。

大约走了一个多小时，我们终于来到了天涯海角。只见在海边立着好多块巨大的礁石，我找到了一块写着"天涯"的大石头，但就是找不到写着"海角"的那一块。这时，妈妈在离我不远处发现了那块写着"海角"的石头，于是大声呼唤我过去。我欣喜地跑过去，终于看到了它。在它的旁边还有刻着"南天一柱""海判南天"等字的巨石。

　　原来，天涯海角景区就是由这两块书写着"天涯""海角"的礁石组成的。

　　我们站在天涯海角向远处眺望，只见烟波浩渺，帆影点点，椰树婆娑，奇石林立。天涯海角如诗如画，美不胜收，怪不得会成为天下闻名的风景区了。

# 水　仙　花

任清怡

在我家的阳台上，摆着一盆清新淡雅的水仙花，是我八岁生日那天，姨夫从花卉市场买来送给我的，我很喜欢它。

培植水仙花很容易，因为它不像有的花那么娇贵，还要择环境、讲条件。它不需要土壤，只要在花盆里放些光溜溜的小石子固定根须，再放些清水就行了。如果你觉得它太孤单，还可以在花盆里养几条小金鱼。

每天我放学回家的第一件事，就是去观察水仙花的生长情况。我每过两天就给它换一次水。在我的精心培育下，它长得越来越高，愈来愈强壮。

冬天来了，许多花都经受不住严寒的考验，而水仙花却毫不畏惧。当室外北风呼啸、雪花飘飞的时候，水仙花的叶子依然青翠欲滴，显得越发精神、挺拔。

今年的正月初六，第一朵水仙花开了，还有几朵也含苞欲放。如雪的花瓣，鹅黄的花蕊，看上去显得格外圣洁、高贵。香气浓郁，沁人心脾，叫人特别喜爱，舍不得离开。我特意把它从阳台搬到了客厅。

春节的那几天里，到我家来拜年的客人都被它深深地吸引住了。他们久久地欣赏着，赞不绝口。水仙花给我家带来了欢乐，也好像在为大家唱着迎春的赞歌呢。

水仙花呀！你清心寡欲，要求于人的甚少，带给人们的却是清纯、美丽与芳香。这不由得使我想起了春节里各行各业默默奉献的可敬的人们，他们不正是具有水仙花一样优秀的品质吗？我爱水仙花，更爱像水仙花一样默默无闻、勤劳工作的人们！

# 写给昨天的我的一封信

路　简

昨天的我：

　　你好！

　　我是十年后的你，你的来信我已收阅。我知道，你还在为屡次的考试不理想而惆怅万分，或者为生活的艰辛而埋怨不已；我也知道，你为成长中的种种烦恼而唠叨世间的不公平，或者还在为前进中点点滴滴的挫折而心灰意冷……

　　面对你心中的不快，我心戚戚。记得课本里有一首这样的诗——

　　　　莫言下岭便无难，赚得行人空喜欢。
　　　　正入万山圈子里，一山放过一山拦。

　　我想，你信中提到的考试不理想、生活艰辛、烦恼不断不正是诗人爬山的感觉吗？月有阴晴圆缺，人有悲欢离合，这是亘古不变的自然规律。是的，事物总是在曲折中前进的，苦难总是伴随人生，但也正是这样，才锻炼了人的意志，造就了人的精神。

栀子花飘啊飘

　　明白了这个道理，你还有理由去逃避人生的"悲"与"痛"吗？所有的惆怅、唠叨、悲痛都应化为你实现理想的前进动力。你正年轻，有的是活力，有的是干劲，有的是信心。

　　不错，我们的希望之火在曲折中难免熄灭，但那也只是暂时的。你记得书中的故事吗？屈原和《离骚》，杜甫和安史之乱，贝多芬和《命运交响曲》……

　　"正入万山圈子里，一山放过一山拦。"有了这样的认识，你还会害怕眼前的失败和曲折吗？你还会为过去的所谓的胜利而一味地沾沾自喜吗？正视一切，相信未来，一切的美好正向你走来。

　　此致

敬礼！

十年后的你

# 未　来　之　想

路大明

这是一个何等奇妙的世界啊！

走在马路上，各种奇形怪状的车辆来来往往，行人奔走如飞，却看不到一个指挥交通的交警，交叉路口也没有红绿灯。我正在纳闷儿，突然身后传来一个声音："先生，过马路请你更换气垫鞋。"声音一落，我便腾云驾雾地飞了起来，原来早有机器人来到我身边，给我穿上了气垫鞋。我乘着这"风火轮"在各色车辆中自由穿梭，好不得意。突然，迎面驶来一辆"汽车"，我正措手不及，做好了献身的准备，脚下的气垫鞋却"嘘——"的一声把我带离地面两米多高，从"汽车"的顶部飞过。回头再看那辆"汽车"，竟朝一座大厦的墙壁驶去，垂直上了大厦的顶层。看得我是目瞪口呆，身冒虚汗。

气垫鞋把我带进了一户人家，嘿，屋内的装饰、陈设让我眼花缭乱。这时有人来了，她告诉我："这是太阳能幕墙——可根据需要自动调节光线和温度；那边是智能厨房——输入程序，你就可以吃到可口的饭菜；还有保健浴室——可以自动为你洗浴、按摩，还可以为你检查身体，提供健康报告……"正说着，一辆餐车来了，机械手为我沏了一杯茶。"现在的车子是多功能的，地上跑、天上飞，甚至还可以潜入水下呢！"她接着对我说，"我们这里是不用交警的，也没有事故的发生，自然也不存在交通堵塞的，所有的车辆都有特殊的吸附功能，能像壁虎一样在大厦的墙壁自由上下。"

她的话让我越听越觉新奇。我正要提问，她朝我笑道："对不起了，您自个儿走走吧，我要到月球逛超市去了。"

"什么，月球？"我瞪大了眼睛。

"是啊，很方便的哟，谁都可以自由去的。你想去吗？"她回答道。

"啊——这太不可思议了！"我大声地惊叹，可她却瞬间连影子都找不到了。

# 家鸭和野鸭

车　环

有一只鸭子，它的主人对它的照顾可是无微不至：用最好的饲料定时喂养，喂好后还陪伴它悠闲地散步。

渐渐的，鸭子长大了，它有一身雪白的羽毛，漂亮极了。鸭子开始骄傲了："我多美啊，生活是如此幸福，谁能比得上我呢？"

一天傍晚，晚霞满天。鸭子很想炫耀一下自己美丽的羽毛和无忧无虑的生活，它偷偷地离开了主人，来到了池塘边。正巧，一只野鸭正在此觅食。"干什么呢？丑八怪！"鸭子轻蔑地叫道。

野鸭没有理它。

"怎么了？不服气？你看看我，从头到尾都是雪白的羽毛，那么美丽，所以才有人喜欢啊！你看你，羽毛又脏又乱，真让人恶心哟！"鸭子一边说一边扇动自己的翅膀。

"唉，你的翅膀虽然很美丽，但只能当摆设啊！"野鸭慢吞吞地说。

"哼，你知道吗？我吃的是进口饲料，有专人来喂，你呢，只能低着头，自己苦找啊。"鸭子哈哈大笑起来。

"朋友，别得意了，快回去吧，你离开了主人，能做什么呢？"野鸭摇了摇头说。

鸭子不服气了，它扭动肥胖的身体："羡慕吧？我主人关心我，难道还错了吗？"

"要知道，你是一只鸭子啊，你应该在大自然的怀中，才能学会本领呢！"

没等鸭子再说，一条猎狗蹿了出来，它狂叫着扑向两只鸭子，野鸭不慌不忙地扇动翅膀飞上了蓝天；可鸭子慌了，想跑跑不动，幸好主人及时赶来吓退了猎狗。

野鸭在空中笑道："谢谢你的主人吧，你不能离开他呢！"

鸭子低下了头，默默无语。

# 垃 圾 王 国

钱庄红

　　我乃垃圾中独一无二的国王，所有的垃圾都是我的臣民，叫他向西，他绝不会向东。嘿嘿嘿，我厉害吧！厉害的还在后头呢，要不，人类怎么会说"姜还是老的辣"呢？我就是这个最老最辣的姜。

　　"各位垃圾臣民们，给我听命。"我坐在宝座上，大声宣布他们的任务，"风神、河神……凡对我们有利的神我都买通了，这几天，你们可自由了，可以在空中飞舞，可以在河里游泳，想怎么着就怎么着，最好将人类快些灭绝，到时就是我们垃圾的世界了，哈哈哈！""大王英明，天下早晚是大王您的。"我身边的参谋长又开始拍马屁了。"好了，行动吧！""是！"看来，我称霸世界的时机到了。

　　过了几日，我想看看我的臣民们任务完成得怎么样，便"微服私访"来了。"嗯，不错，不错。"眼前的景象让我非常满意，只见天上飞着我的"爱卿"——塑料袋们，五颜六色的，只不过陈旧了点儿。地上，也有许多我的臣民，像泡沫纸、塑料盒……随风任意飞舞。树枝上、河里到处都有我臣民的影子。我好高兴，我的愿望快实现了。"哈哈，快哉！快哉！"迈着大步，我到了自己的宫殿，寻思着："这宫殿没有人类的漂亮；这宝座，唉，不阔气。我要是做了世界的主人，到时，那漂亮的宫殿、阔气的宝座，都非我莫属了，爽，爽！"于是我坐在宝座上闭目养神。

"不好了，大王……大王，不好了！"我闭着眼睛都知道这是马屁精参谋长的声音，"大王，不好了！""我好得很哪，怎么了？"我懒洋洋地说着。"是这样的，从我们行动的那天开始，就有一些人在清除我们了，我们的好些臣民被回收走了，大王，怎么办？""胡扯，我那天去查看，一切都是很顺利的啊，没看到人类有什么动作啊？""不，您那天去时是晚上，所以没看到人。""蠢货，干吗不早来报告！""大王有所不知，我也被人们用卡车装起来了，幸好风神使了很大的劲儿把我从车上吹下来。我第一时间就跑到您这儿来的。""可恶啊，我要全世界的垃圾出动，跟人类作战，哈哈哈，等着吧——"

在我的号召下，所有的垃圾都出动了，可是想不到的是，人们处理得更勤了。"啊，怎么？"我来不及看，就被一阵风吸住了，不知要到哪里……

唉，最终，我们被分类处理了了，有的永远不会重生了，有的被回收再利用了。人类还是战胜了我这个垃圾王，消灭了垃圾国。

# 蛇 鼠 大 战

周 红

一次，我跟小伙伴上山采茶，在路上有幸看见了惊心动魄的一幕：三只灰不溜秋的老鼠正在围攻一条乌梢蛇。

看，一条身披黑缎子的乌梢蛇高昂着头，吐着红芯子，不停地发出"嘶嘶"的恐吓声。蛇左侧，一只大老鼠屏息凝视，身体拱成一座桥，蓄劲待发，随时准备向乌梢蛇发动攻击；蛇尾处一只小老鼠用两只前爪试探地挑逗乌梢蛇；不远处一只黑老鼠用鼻子嗅着乌梢蛇，围着蛇滴溜溜地绕着圈子。

在老鼠的轮番进攻下，乌梢蛇失去了往日的威风，显得狼狈不堪。而老鼠的嘴里不时地发出"吱吱"声，好像在打暗号。只见小老鼠轻轻一跃，扑在蛇身上，一口咬住，不料蛇猛然一甩，小老鼠被凌空甩出老远，半天挣扎不起来。

趁着这空儿，大老鼠像闪电般悄然无息地蹿上蛇背，张口就咬。蛇痛得浑身痉挛，半天才回过神来奋力反击，可大老鼠早已闪到一边。这条乌梢蛇看上去懒洋洋的，有气无力，好像没睡醒似的，三只老鼠不时地发出欢快的"吱吱"声，全然没把蛇放在眼里，又好像在戏耍它……

　　过了一会儿，乌梢蛇伤痕累累，眼看不行了。

　　蛇是庄稼的卫士，我们不忍心再看下去。在我们的干预下，这场战斗才得以结束。乌梢蛇感恩似的看了我们一眼，慢吞吞地钻入草丛……

# 第一场春雨

何孔强

第一场春雨来了！我信步走上了小路，呼吸着新鲜的空气，触摸着春的气息……

春雨，细如针尖，轻似牛毛，如烟如雾，无声无息。路边柳树上的嫩芽微微地探出可爱的小脑袋，静静地望着我微笑。小雨调皮地落在它们身上，为大树穿上了一件珠帘外衣！风娃娃也是那么调皮，不住地吹着雨丝到处奔走，落在树上，落在小草上，落在我的脸上。

无意中抬起头，我遥遥望见了一片新绿。那是树，那是草，那是春天的信息。我不由得加快了脚步。咦，小草呢？我奇怪它不见了。仔细看看，笑意不觉浮上了我的嘴角：小草太小了，远望是一片黄绿，走近了却又看不分明。我深深地吸了一口气，情不自禁地陶醉了。这奇异的景色多迷人呀！

雨，无声无息地下着，一点一滴驱逐着寒冬残留的痕迹，也使人们的心灵得到洗涤和净化。不是吗？第一场春雨，就是希望，就是开始……

# 桃花闹春

陆　秋

春姑娘吹黄了油菜花后，又吹红了桃花。

桃花的颜色真鲜艳呀！花瓣白得像雪，粉得像霞，花蕊红得如燃烧的火焰，艳得似新鲜的胭脂，白红相衬，国色天香。这妖艳、妩媚的桃花恰似下凡的仙子，怎能不使人自然地想起"人面桃花相映红"的千古佳句呢！

桃花的形态真精美呀！那一朵朵桃花，薄如蝉翼，晶莹明丽，精美绝伦，分明是从仙女手中诞生的丝绸艺术品，天衣无缝，巧夺天工。

桃花的造型真多啊！它们有的花蕾挺立，含苞欲放；有的半开半合，微露丹蕊；有的翩然怒放，喷红吐彩；有的像蝴蝶，有的像喇叭……它们俏立枝头，排列成队，纵横交错，你挨着我，我挨着你，在点点新绿的点缀下，就像蓝天下的片片彩云。

啊！桃花，美的使者，花国的王后，有了你，春天才会如此美丽动人。

# 校 园 春 景

魏国清

春天到了，校园里的一切都被唤醒了。

池塘边，柳姑娘垂下她那柔软如丝的秀发，在春风中摇动着，远远看去，犹如绿色的烟雾在缭绕，在飘动。远远看去，如烟似雾，她是那么醉人，更是那么迷人。

花坛里，那毛茸茸的嫩叶摇摆着，披着融融的春光，迎着悠悠的轻风，翩翩地舞出婆娑的倩影，仿佛无数只热情的小手向同学们招手致意。春风轻轻一吹，花儿也开了，它们五彩缤纷，争奇斗艳，姹紫嫣红。红艳艳的花簇拥在一起，好像一团火；白生生的花聚集在一起，好似一团雪；粉红色的花绕花坛一周，看上去像宽宽的绸带。这可把小蜜蜂忙坏了，它们呼朋引伴，欢快地唱着歌，在这朵花上闻闻，到那朵花上嗅嗅。

运动场上，我们来了，脱下冬装，五颜六色的春光就是我们的彩色衣裳。我们跑着，跳着，这春色在我们的心头荡漾。

树上的小鸟也亮开了歌喉，那叽叽喳喳的声音与琅琅的读书声组成一首奇妙的乐曲……

# 门控电灯

成天之

我们都有这样的经历——晚上回家打开屋门，总得摸黑开灯，对于老年人或者年龄很小的孩子来说，这是很麻烦的。为此，我发明了一种"门控电灯"，具体做法如下——

首先准备电线若干，电灯泡一个，六厘米长、直径三到五毫米的弹簧一个，开关一个，两毫米厚的绝缘胶木片两块。

第一步，安装弹簧开关。把绝缘胶木片分别锯成两厘米长、三厘米宽和长宽均为三厘米的两块。将第一块固定在屋门与门框成转角的门边上，另一块装在相对应的门框上。两块胶木片之间隔着门与框的空隙。再把一段长约三厘米的弹簧的一端固定在门的绝缘上，另一端翘起一到两厘米。再在门框的胶片上固定一块长两厘米、宽一厘米的铁片，使屋门推开后，弹簧翘着的那头顶在铁片上。

第二步，拿一根双股电线，一头的一股接在电源的负极上，另一股接在灯泡的一个接头上；电线的另一头，一股接在弹簧上，一股接在铁片上。再用一根单股电线，一头接在电源的正极，一头安在灯泡的另一个接头上。为了便于夜间的控制，可在电线的中间安装一个拉盒开关。

现在，门控电灯就可以使用了。

到了晚上，先把电源正极上的开关拉开，使正极接通，然后推开屋门使负极也接通，电灯就亮了。把屋门关上，弹簧离开铁片，负极切断，电灯就灭了。白天把正极开关关上，即使推开屋门，电灯也不会亮的。如果有兴趣的话，你还可以把电线接在音响上，一推门啊，音乐就响了起来呢！

当然，我的这个发明还很粗糙，相信经过我不断的学习、实验，这项发明会不断完善的，到时候，说不定还是什么重大发明呢。

并蒂莲的记忆

# 爱心也有底价吗？

陈　玲

　　玲是班上的生活委员，每天走进校园，总是习惯性地朝大门右侧的布告栏上瞥上一眼：看看班级的卫生、纪律检查情况；班上的好人好事是否上了光荣榜……可是，今天栏内竟贴着一张白纸红字的通知："请各班将献爱心活动情况做一次总结，上午报学校总务处。"

　　玲明白了，所谓"总结"就是将捐赠的钱物做个统计，交到学校。玲带着问题走进了教室。教室里，班主任和班委会成员正在商量着什么。见玲进来，班主任忙招呼："快点儿，正等着你呢。"

　　看来，布告栏的通知大家都知道了。班主任先向大家做了说明："其他各班已经行动起来了，而且热情很高。我们班可不能落后啊！请大家想想点子。"

　　沉默了一会儿，玲站了起来："大家自觉行动，有什么，拿什么！"

　　"拿什么呢？"班主任笑着问玲。

　　"比如家中多余的、不穿的衣服、物品啦……"玲的声音显然轻了下来。

"那不成了废品回收站了？"有人开起了玩笑，之后便是一阵哄笑。大家都看向班主任，看班主任有什么高招。班主任清了清嗓子说："这个，别的班都是拿钱，这个也方便，我们班……"

"也就拿钱吧！"班长附和道。

"那送东西就不叫献爱心吗？"玲为自己辩解。可是支持者的声音总响不起来。

"就看拿多少吧！"班主任一锤定音了。

"就，能拿——"玲还想发言，见大家都看着自己，只好又咽了回去。

"我看，定个底价，每人不少于五元。"班主任丢下一句话后走出了教室。

放学了，玲的脑中总是回荡着"底价不少于五元"的声音，她实在不明白：爱心，干吗也要有个底价呢？

# 纽　扣

吴　红

上课铃响了。同学们走进教室，何老师开始上课。同学们都专心地听着。突然，同桌指着自己衣服上的纽扣，又指了指老师。我会意地抬头一看，只见何老师西装最下边的那粒纽扣一荡一荡地像个钟摆。何老师讲得正起劲，身子不停地转动，那纽扣也随着不停地晃荡。我轻轻一笑，旁边同学问我是怎么回事，我指了指自己的纽扣，又指了指老师。他立刻明白了，也注意起老师的纽扣来，随后又连忙用手捂住嘴巴生怕自己笑出声来。

下课后，我走到讲台前，对何老师说："何老师，您西装上的纽扣要掉了。"何老师低头一看，随即翻了翻衣服，用力捻了捻线头，纽扣被收紧了。

"您干脆把它拉下来吧，这样会掉的。"我不放心地对何老师说。

"不要紧，待会儿我就去把它缝好。"何老师说完，拎着皮包，提着录音机走了。

下午辅导课，何老师又来上课了。可那粒纽扣却没有了。同学们暗暗发笑。下课时，我又问何老师："您把扣子摘下来了？”何老师低头一看：“啊？掉啦！我忘记缝了。”

　　“您想想看，纽扣可能掉在什么地方了？”另一个同学关心地说。

　　“不知道怎么掉的，算了，过几天上街买一粒吧！”

　　何老师走后，同学们还在想着老师的纽扣。何老师也真辛苦，一个人教三个班，家离学校也远。一天到晚就看见他坐在办公室里备课、批改作业，自己的事从不放在心上。

　　第二天，何老师一进办公室，看见办公桌上的一大堆纽扣，他愣住了，但与此同时，他什么都明白了。我们隔窗望去，他的眼角湿润了，霎时，同学们都落泪了，那泪珠，晶莹透亮，好纯洁，好纯洁……

# 啊，白雪

李春成

我曾看到飘在画上的雪，落在字上的雪，下在屏幕里的雪。然而今天，我第一次看到飘在空中、落在地上的雪，自然非常高兴地从心里欢呼：啊！白雪，南方的稀客，我们热情地欢迎您！

白雪像小银珠，像小雨点，像柳絮杨花，纷纷扬扬为我们挂起了白茫茫的天幕雪帘。我抬头透过稀疏的雪帘望去，那远处的高楼大厦，隐隐约约，好像在雾中，宛如在云里，显得特别好看。我踏在湿漉漉的路面上。耳边飘来絮絮叨叨而又自豪的声音："瞧，我来了。"你是值得自豪的，你使陌生的过路人彼此会心地微笑，你使活泼的小朋友彼此天真地欢呼。

我来到学校，校园里也沸腾啦！到处像欢庆过节一般，同学们欢喜若狂，三五成群地接雪花玩：有的用围巾，有的用帽子，还有的是用手掌。只见圆圆的雪珠、小小的雪花、薄薄的雪片，轻盈盈、慢悠悠地飞扬、飘落。

我动情地仰起头，张开嘴，伸出舌头去尝那雪花的滋味。说它像白糖，却不甜；说它像晶盐，却不咸。一阵风吹过，无数温柔、细腻的"小不点儿"向我身上亲热地扑来。这时，有几颗小雪珠落在我的衣服上，我伸手去接雪花，啊，晶莹如碎玉。我想把它们留住，可它们转眼就不见了，化作衣服上的斑斑湿点。

啊，南方的雪，你来得悄悄，去得匆匆，我感到很惋惜，可你那短暂的生命却给我留下了一个深刻的印象……

# 并蒂莲的记忆

刘家佑

　　我家有两盆并蒂莲，一盆是大的，一盆是小的。妈妈说，既然叫作并蒂莲，就让它们也并排放在一块儿吧!

　　春天来了，并蒂莲抽出了嫩绿的叶子。叶子又细又长，像一把把利剑。随着叶子的长大，它的茎也冒了出来。茎越长越高，等到有一尺多高的时候，茎的最上头就会长出花骨朵，尖尖的，真像个小鼓棒。过了几天，花骨朵长大了，变成了花苞，红红的，嫩嫩的，既像红通通的小灯笼，又像可爱的小莲蓬。可是，妈妈说，这嫩嫩的小花苞就像我生气时的嘴唇。我知道，妈妈是在打趣我生气的时候特好看。可是，我没有说出来。因为，我理解妈妈:我同这盆并蒂莲一样，妈妈花了多少心思啊!

　　现在，我全身心地关注它了——

　　一夜之间，花苞绽放了。真美呀! 六个花瓣好似盛开的莲花。花蕊又细又长，黄黄的，散发出沁人心脾的香味。盛开的并蒂莲有的是两个花朵挨在一起，像一对亲密的姐妹正在动情地吹奏。还有的是三个，多的是四个，犹如亲热的小伙伴永不分离。它们红得耀眼，香得醉人。远远看去，几十朵并蒂莲好像正在进行吹奏比赛呢，可热闹了！

　　妈妈每天都在看并蒂莲，她说，花开了，更像我的脸呢！

　　5月的并蒂莲真美，真香！它装扮着我们美好的生活！

# 水 妈 妈

蒋 玥

每天早晨，我在睡意蒙眬中醒来，总有一声绵长的咏叹调——水来了！我不用睁开眼，就明白，妈妈已经端着一碗白开水站在我房间里了。我还知道，为了这一碗白开水，妈妈总是早早地起床，先是把水烧开，然后是自然冷却，最后的步骤，是来到我的房间，看着这水流进我的肚子里。

每天早晨，妈妈总是逼着我喝一大杯温热适中的白开水，她的道理很简单：多喝水，不感冒。说起来有意思，如果哪天没有这样的"晨曲"，我会浑身难受，总是觉得有件事没做呢！

妈妈的这个特点连我们班的同学都知道，他们在背后说我有个水妈妈。但是，他们说归说，都把这样的做法引进自己的家。他们说，我的水妈妈带动了他们的水妈妈。瞧，放学一到家，早有一杯水在等着我。桌子上，还是一碗白开水，温度不高不低，正合口感。我不明白，妈妈调节这白开水的温度，怎么这么准呢？

现在，妈妈又亲自把水递到我手中说："赶紧喝，我厨房还做着饭呢！"稍慢一点儿，妈妈就急躁地说："快点儿，锅都热了，我还得炒菜呢！"我只得很勉强地"咕咚咕咚"喝下去。

尽管如此，有时我还是忘了喝水，妈妈知道后就会数落我一顿。为了不被妈妈数落，我常常在放学时将水瓶里的水倒掉一大半，这招果然见效，妈妈很高兴。

但是，同学们知道后，许多人批评了我，说我不懂妈妈的心。

好在，这只是一时的小糊涂。如今，喝水已经成了我的好习惯，我从内心里感觉：有个水妈妈，真好！

# 瞬　间

林　瑞

　　瞬间是短暂的，但瞬间也是永恒的。一瞬间，看起来是那么微不足道，可有时就是在这一瞬间里，涌现了巨大的精彩。

　　当红彤彤的太阳从东方冉冉升起，我端坐在窗前，一缕一缕金灿灿的光便如利箭一般透过窗户，照在我身上，是那么刺眼，但同时也很温暖。就在这一瞬间我明白了：新的一天来临了，新的事情将会出现，新的朋友将会认识。我对新的一天充满希望，充满期待。

　　当冰天雪地、万物萧条的冬天过去了，一棵嫩绿的、泛着青的小草就会一直向上顶。不论上面有多少困难，它们总是坚持不懈，坚强地向上，那是为了要看到生机勃勃的春天。它们为了自己的理想而努力。就在这一瞬间，小草们破土而出，用自己的生命创造了如此的精彩。

　　阳台上一盆含苞欲放的水仙花，在一点儿一点儿不断绽放，它几乎用尽全力想让别人看到它，最终在那一瞬间它张开笑脸，那粉色的花瓣衬托着黄色的"脸"显得那么高雅，它迎着春风，沐浴着阳光，不断生长，这一瞬间是特殊的，是美好的。因为，这是一个小生命的开始。

一瞬间可以挽救生命，可以给予人幸福，也可以带来希望。人人都有瞬间，对于聪明的人而言，他们会把握住每一瞬间，而平庸的人却只会让瞬间从他们身边白白流走。

并蒂莲的记忆

# 换　瓜　记

胡人天

　　这几天天太热了，爸爸让我和他一道到街上买西瓜。在一个瓜摊前，我们挑了七八个瓜，并请那位卖瓜的农民伯伯帮我们将西瓜送到家里。

　　那位农民伯伯吃力地扛着西瓜跟着我们爬上了三楼。在家门口，他脱去了鞋，光着脚进了我的家，然后小心地将装满西瓜的口袋从肩膀上轻轻地放到地上，又从口袋中捧出西瓜一个一个地在地上摆放整齐，最后用宽大的手掌擦了擦额头上大颗大颗的汗珠，临走时还对爸爸说："有生瓜、坏瓜尽管拿来，我是包退包换的。"

　　我们把西瓜切开，准备放到冰箱里冷藏。可切到第五个瓜时，竟发现是一个白子、白瓤的生瓜。我抱起切开的西瓜就往外走，爸爸手一抬拦住了我："干什么去？""换瓜去，说好的啊！"我不解地望着爸爸。

　　爸爸一手按住我的肩膀，另一只手从我的手上拿过刚切开的西瓜。"等会儿吧。"爸爸坐了下来，望着我说，"儿子，你知道西瓜是怎么长大的吗？从栽下小苗到结出西瓜，再到瓜熟，然后是一个一个地摘下来运到城里来卖。小小的一个瓜，农民伯伯要付出多少辛苦呀！现在天这么热，太阳又这么毒，他们连个遮荫的地方都没有，就坐在马路边，又是蚊子又是苍蝇的，多不容易啊！"爸爸边说边看了一眼面前的生瓜，接着说："今年的西瓜卖得这么便宜，卖一个瓜是挣不了几个钱的啊！"

听了爸爸的话，我的心一下子沉重起来，我知道爸爸的意思，我也知道我自己该怎么做了。于是，我望着爸爸坚定地说："爸，听你的，不去换瓜了！"

"怎么，改主意了？"爸爸笑着问我。

"对！我们大不了少吃一个瓜！"我看着爸爸重重地点了点头。

"哇，我的儿子一下子长大了，看，道理是一点就明。"爸爸摸着我的头夸了起来，可我心里却高兴不起来——不是为自己，只为那大热天里的农民伯伯……

# 秋天的果园

韩晨煜

秋天的田野很美，但硕果累累的果园更美。

走进果园，你会感受到与大自然拥抱时的奇特，一阵苹果的香味扑鼻而来，心中的忧愁顿时已被洗清，人也变得清爽起来了。

一棵棵亭亭玉立的苹果树，结满了红彤彤的苹果，有拳头那么大，像一个个可爱娃娃的脸，红红的，我真想摘一个，放到嘴里，尝一尝这新鲜苹果的味道。

走过苹果树，来到了一棵梨树下，这棵梨树很高很大，叶子已经枯黄了，秋风轻轻一吹，叶子就好像顽皮的小孩儿，跟着秋风一直飞啊飞啊，又像一只只翩翩起舞的黄蝴蝶，舞累了就纷纷落下，在地上休息片刻。我们把这些叶子收了起来，离开了梨树。走着走着，来到了一条小溪边，我们把叶子放到小溪里，叶子随着溪水，带着我们的希望漂向远方。

叶子漂远了，我们离开小溪，来到了一棵美丽芬芳的桂花树旁。桂花树以"香飘万里"而闻名，我们也迫不及待地将鼻子凑上去闻了一下。啊，一阵诱人而舒适的气味从鼻子直达我们的心窝，脑袋更清醒了，啊，不愧是以香闻名的桂花，她的芳香不是能用语言表达的。

# 会变的钢笔

钟国英

哟！你的钢笔不能用了？

不要紧，用我刚发明的神奇钢笔吧！

这支钢笔的作用可大着呢！你可不要小瞧它，如果把它放在阳光下，笔身立刻变得透明了，好像一位小姑娘穿着一件薄薄的紫纱裙，十分讨人喜爱。如果把它放在凉快的地方，它立刻变得很黑，好像一个黑衣侠客，与你形影不离。别着急，我还没说完呢！这只钢笔只有拇指般大小，可以随身携带，非常方便。你如果想用，就按一下黄按钮，这支钢笔就可以根据你手的大小而变化，怎么样，神奇吧！

对了，忘了告诉你这支钢笔还可以根据主人的心情来变换图案。主人心情好时，钢笔会变成淡淡的金黄色；如果主人心情不好，钢笔就会变成深蓝色。

这支钢笔还会根据季节而变换颜色、图案。春天到了，钢笔上就会呈现出淡淡的粉色和一些小燕子的图案；夏天到了，钢笔上会呈现出金黄色和河里的荷花的图案；秋天，钢笔上会呈现出橘黄色和田里的庄稼的图案；冬天，钢笔会变成白色，图案是一片片洁白无瑕的雪花。

这支钢笔还可以预报天气呢，如果是晴天，就是红色；如果是阴天，就是灰色；如果是雨天，就是蓝色；如果是雪天，就是白色。怎么样？我发明的钢笔够神奇的吧！

看了我的介绍以后你动心了吗？心动不如行动，快来买神奇钢笔吧！

# 运　动　会

周　翔

我们盼望已久的学校运动会终于开幕了。

星期四早上7点40分，在雄壮的《运动员进行曲》中，鼓号队、花束队、彩旗队……排列整齐的队伍走过主席台。我们班在领队同学的带领下，喊着响亮的口号，踏着整齐的步伐，进入了比赛场地。

运动会的项目很多，有田径，有球类。最精彩的当是一百米接力赛了。只见老师拿起发令枪："各就各位——预备——叭！"

一声枪响，我们班的运动小健将陈继雄犹如猛虎下山，一抬腿就在速度、气势上压倒了所有的对手。吴仲坤很快地接过陈继雄递来的接力棒向沈启磊冲去。305班的同学不甘示弱，眼看就要追上吴仲坤了，我们都在为吴仲坤喊："加油！加油！"

只见他闭上眼睛，嘴里喊一声"啊"，用尽全力猛地一冲，把305班同学甩得远远的。沈启磊接过棒，瞪着眼睛，咬紧牙关，甩动手臂，像一阵风一样冲向王明泽。王明泽一改平时的嬉皮笑脸，变得非常严肃，他皱起眉头，接过棒立即冲刺。我们全围到了终点，为自己班加油。王明泽果然是不负众望，一直遥遥领先。

近了，更近了，啊，第一名属于我们了！顿时，同学们纷纷跑上前去，把四位运动员同学围在中间又蹦又跳。一阵阵欢声笑语在校园的上空久久回荡。

# 春 天 来 了

李 云

春天来了，天气渐渐变暖和了，春风吹在脸上，像妈妈抚摸着我的脸。我想起来"吹面不寒杨柳风"的诗句，我知道，妈妈的手就像这春风一样，温柔迷人。

春天来了，"碧玉妆成一树高，万条垂下绿丝绦"。柳树抽出了细叶，一阵风吹来，柔软的枝条随风摆动，像一个长辫子的姑娘站在河边欣赏自己映在水中的倒影。它们是在舞蹈呢，还是在炫耀自己婀娜的身姿？

迎春花是春天到来时最先开的一种花，有人说它们是春天的信使。它们开了，春天到了。瞧，它们一般是在墙角开放的，它的花是淡黄色的，叶子是淡绿色的，凑上去用鼻子嗅一嗅，就会闻到一股淡淡的清香味。

春天来了，欢腾的河面上可热闹了：小鱼们不时地在水中跳过来蹦过去的，好像在做鱼跃龙门的游戏；小燕子也带着那把剪刀似的尾巴从南方飞来，那把"剪刀"剪出了发芽的小树、青郁的大山、蓝蓝的天空……

春天来了，家家户户的人都出来了，他们都换上了春装。早上，大人们在空地上练剑，小朋友背着书包，唱着歌，三五成群地向学校走去。

　　我爱春天。

# 春 到 花 园

向 天

　　春姑娘来了，她把我家的花园打扮得更加美丽。

　　月季的枝叶更加茂盛了，椭圆形的叶片颜色有深有浅，盛开的月季花一朵接一朵，鲜红艳丽，像熊熊的火焰在枝头燃烧。

　　橡皮树身材高大，树茎粗壮，新长的嫩芽像一个长长的红辣椒，很是逗人喜欢。谁看了，都会忍不住伸出手来轻轻地抚摸一下，甚至还想凑上去亲一口呢！

　　喇叭花身材矮小，翠绿的叶子油亮亮的，朵朵盛开的喇叭花，上面大下面小，真像一支支可爱的小喇叭，仿佛是为春天的到来在一起奏乐呢！

　　爬山虎更是美丽诱人了，圆圆的叶片密密麻麻，绿得发亮，爬满墙壁。枝节上长出一个个小脚掌，有力地朝四方张开，有许多小脚掌紧紧地抓住墙面，不断地向前、向上生长。不用说，这是春天给了它们无穷的力量。

　　怎么样？看到眼前的美景，你是不是也想到我家来做客？

# 捉　鱼

周书毅

那年暑假，我们全家和表弟赵若时一家一起去桃源仙谷游玩。这桃源仙谷可真是名如其景，好像人间仙境一般。看！这里绿树成荫，小桥流水。蝴蝶、蜜蜂正在花丛中忙碌着，蜻蜓自由自在地飞来飞去，就连小鸟也在快乐地歌唱。那"桃源瀑"犹如一条水龙，从山崖上直泻下来，气势磅礴；那"迎浪石"好似一位勇士，面对着涌来的波涛，英勇无畏。看到这里，相信任何人都会情不自禁地赞叹道"太美了"。在这里，我们也搞了许多活动，如划汽艇、登天梯、吃烧烤等，但最有趣的非捉鱼莫属了。

在吃烧烤时，我发现几乎每条小溪里都有一种小鱼，于是我就提议一起去捉鱼，这可把大家的兴致引上来了。吃完烧烤，一场"捉鱼大战"就此拉开序幕。首先是老爸闪亮登场！老爸和鱼"交手"几次后发现这鱼特别狡猾，一有风吹草动就立马逃之夭夭，于是老爸便用"守河待鱼法"，先把网放进水里，等鱼确定没有危险后游过网兜时，迅速将网提起，把鱼捉住。可是老爸的动作不利索，总是让"煮熟的鸭子飞了"，但老爸不气馁，一个人到另一条溪边再进行试验。这时表弟赵若时已经跃跃欲试了，他迫不及待地来到溪边，采用"两面夹击法"，用捉鱼的网和装鱼的瓶子两面夹击小鱼。可小鱼的动作非常敏捷，他前后夹击，小鱼就往左右游；他左右夹击，小鱼就往前后游。总之他捉了半天，累得气喘吁吁，而小鱼还神气活现地游来游去，好像在逗他玩似的。这时我拿起网兜和瓶子来到小溪边。总结"前人"的经验，我用的是"瓮中捉鳖法"，即守在一个两边是岩石的狭窄"通道"旁，等鱼游过时用瓶子和网兜从前后切入，让鱼无路可逃，接下来只要用网把鱼逼近瓶子里就OK了。这招还真有效，先后有五六条鱼都中了计。这时老爸使用了一种新方法——诱捕法，即在网中放上食物，再放入水中，等鱼来吃食时迅速提网。别看这招简单，但还挺管用，老爸用此法一连抓了两条大鱼呢！赵若时和我也不甘示弱，发明了"以逸待劳法"，把鱼赶上浅滩，使其行动受限制，再进行抓捕。试验后我们发现这种方法效果不错，采用此方法，好几条鱼都稀里糊涂地上了当……

唉，时间过得飞快，很快下午3点就到了，我们只好恋恋不舍地离开了桃源仙谷。

桃源仙谷里美丽的景色和刺激的活动都给我留下了深刻的印象，但最使我难忘的还是捉鱼。

# 唠叨的妈妈

卢　林

　　我不否认"世上只有妈妈好"的话是正确的，但是当自己的妈妈是一个话痨时，你还会从心里唱那首《世上只有妈妈好》的歌谣吗？

　　唉，老天是如此的不尽人意，偏偏给了我一个这样的妈妈——一个超级话痨的妈妈。我要告诉各位的是，我有一个爱唠叨的妈妈，不信，就让我说给你听听。

　　放学回家，妈妈是我的第一检查员。检查什么？自然是要检查我的作业。公正地说，您检查作业我是不反对的。可查就查呗，您得用心看，发现我的问题，然后您再发表宏论，指出一二。可，您是眼未看，嘴先行——那张巧舌如簧的嘴也跟着忙活："作业，怎么没进步啊——这字是怎么写的——看你不好好读书，将来怎么办？"唉，您就不能换点儿问话的内容，即便内容是一模一样，能否换个语气，变问为叹？或者改变一下姿态，商量一下又不能损害您的威严！这些话，也不知说了多少遍，我就不明白，不说就不行吗？

　　作业终于做完了，该是吃饭的时间了。我很纳闷儿，难道您不知道"食不言，寝不语"的古训？好吧，吃饭了，妈妈的嘴又开始了："要注意营养，什么都得吃——吃饭时，要注意个人的卫生——吃饭的时间也可以考虑学习中的问题……"唉，谁能受得了哟？

睡觉了——

"快点儿，要早睡早起哟，早晨起来要多读书。"我知道，这句话是不会少于十遍的，得赶紧用被子捂住耳朵才行。

认识了吧，这就是我的妈妈，你能忍受的话，不妨来我家试一试？

我和月亮说悄悄话

# 游鹤伴山

耿敏妹

国庆节这天，我们来到了鹤伴山。刚跨进大门，就能闻到一股淡淡的草香味。路边的野菊花正散发着迷人的芬芳，微风吹动着它那婀娜多姿的腰身，引来几只五颜六色的花蝴蝶在金黄色的花瓣上翩翩起舞。

远看，群山连绵起伏，绿树苍苍；近看，只有弯弯曲曲的小道和葱绿的树木。鹤伴山的景点很多，如抗日桥、引鹤桥、水帘洞、密林等。其中，我最喜爱的是抗日桥和密林。

抗日桥很像长城，虽没有长城那么长，却饱含着一种深深的爱国精神。抗日桥下没有水，却永远流淌着战士们的鲜血。桥头的那块石雕更是引人注目，上面是三个战士的雕塑，一个拿着手雷，一个举着大石头，一个握着手枪，他们雄姿英发，注视着远方，目光那么坚定，正要与敌人顽强搏斗！

不知不觉我们就到了密林，这里没有人影，全是树木，周围静悄悄的，静得能听到自己的心跳声。我们呼吸着新鲜空气，享受着大自然的美妙，我兴奋地大叫："有——人——吗——"我捡了一块石头，扔进没有水的空溪里，石头和石头摩擦，发出叮叮咚咚的响声，接着是一阵肆无忌惮的大笑。

　　走着走着，应该快到山顶了吧，一打听，还要翻一座山头呢！我们没有退缩，累了，就休息一会儿再走，我们相互鼓励着：只要我们有恒心，就能战胜大山，战胜大自然！终于看到阳光了，我们到了最高峰！此时，我真想高歌一曲，来表达我内心的喜悦，我们齐声高喊："哦——"响声震动了整个山谷，笑声回荡着，回荡着……

　　俗话说："上山容易下山难。"而我不这么认为，我们展开双臂，飞跑着下山去，然后依依不舍地离开了美丽的鹤伴山。

# 眼睛的烦恼

黄欣靓

现在，我已经是个五年级的学生了，再也不是以前什么都不懂的小不点儿了。常常听见爸爸妈妈说，你都是小大人儿了，要学会自己管理自己。于是，我看书勤奋了，但玩手机也多了起来，电脑也离不开了。就这样，我原本清澈明亮的眼睛得和眼镜交朋友了。

真是不戴眼镜，不知戴眼镜的苦啊！

昨天，我戴着眼镜上课，一大帮同学都叫我"四眼妹"呢！唉，我这才知道，原来戴眼镜并不是学士风度的标志。听到那一声声的"四眼妹"，我答也不是，不答也不是，真是哭笑不得。我终于明白：当初大人那么多的劝告，是为了我好啊！悔不当初啊，要是我不近视该多好。

上课时，如果我摘掉眼镜，黑板上那清清楚楚的字迹立刻在我眼前模糊不清了，我又不得不戴上眼镜。

刚戴上眼镜那会儿，走路是很困难的事！我看着前面的路，感觉像斜坡一样，可一踩，"哎哟！"差点儿摔一跤。我后面的同学说："你怎么在这么平的路上走也会摔跤啊！"我害羞了，脸红得像熟透的苹果。他们哪里知道我心中的滋味啊？

我读过《假如给我三天光明》，海伦·凯勒多么想有一双明亮的眼睛啊！对她来说，眼睛是多么宝贵！而我，却这么不珍惜。以前，爸爸总让我写作业时把头抬高，可我就是不听。啊！要是再给我一次机会，我一定会把眼睛保护好的。

小伙伴们，你们要吸取教训啊！

# 爬 竹 竿

杨立汀

星期六，爸爸妈妈带我去乡下表叔家玩。

吃过午饭，天气热起来了，我们一家人走向一片楠竹林去乘凉。茂密的竹叶绿色中带点儿黄，在秋风中飘飞而下，高高的竹竿已经被孩子们磨得光光的、亮亮的。地上有几块砖头可以当石凳坐。从远处看去，犹如一把绿色的大伞，给人们遮挡骄阳。

一会儿，来了一些小朋友，年龄和我相仿。其中有个叫"黑熊"的小男孩儿，不声不响地脱掉鞋子，双手紧紧地抱住竹竿，双脚则紧紧地夹住竹竿，"唰唰唰"一阵风似的爬到了半空，迎来一阵掌声和喝彩声。妈妈叫我也试试，可我怎么也爬不上去呀！我真羡慕这些孩子，力气这么大，身体这么棒！

突然，一个叫何海洋的小朋友说："我比他爬得高，爬得快。"哦，他要挑战"黑熊"！这时，一位大姐姐顺手将手中的红丝带系上一块竹片抛向空中，挂在了竹枝上："看谁先抢到红丝带。"

一场精彩的比赛开始了。他们选定紧挨着的两棵竹竿向上爬，竹枝微微动起来了，黄色的竹叶纷纷飘落下来，仿佛是天女散花。我们十几个观战的小朋友使劲地拍手："加油！加油！"
你看他们爬竹竿的动作多么敏捷、多么熟练啊！何海洋看上去像
一只活泼机灵的小猴子，"黑熊"可真像一只熊猫，可爱又聪
明。他们几乎是同一时刻抓住红丝带，都得意地笑了。

　　下午，我们坐车回城了，我真舍不得那片楠竹林，我多么想
再看看那群孩子爬竹竿啊！

# 香 蕉 娃 娃

许雪菲

香蕉娃娃天生就喷着香水。闻闻，清香、醇香、浓香，这时连风打的旋儿都香气扑鼻，令人垂涎三尺。

可是，它只穿件黄色的衣服，似乎太单调了点儿。还是让我这个"化妆设计师"给它化化妆吧！我叫来几个小伙伴，拿起笔开始精心帮它化妆。我左画画，右画画，终于完成了。我看了又看，还真不错呢！瞧，多可爱的香蕉娃娃啊！头戴一顶小花帽，披着一头五彩的秀发，紫色的眉梢下有一双圆溜溜的大眼睛，显得炯炯有神。圆圆的红鼻头下长着一张笑嘻嘻的小嘴巴，再加上胸前的一个大蝴蝶结，一件珍珠迷你裙，看上去真是"西施再世"呀！你看，它笑得多甜，正在感谢我这个了不起的"化妆设计师"呢！

我开始为它卸妆了。虽然香蕉娃娃天生一副"驼背"的样子，可并不影响它美丽的造型。它仰着像一个跷跷板；趴着像一座拱桥；站着又像一把小镰刀；脱掉黄大衣，露出白白的果肉，更像一朵盛开的花儿。

看着香蕉娃娃那娇美的身姿，我怎么也下不了口，此时香蕉娃娃咧开嘴，像是在对我说："小主人，快尝尝呀，看看我的味道怎么样？"我张开嘴，轻轻地咬了一口。

哇，太好吃了，滑滑的，润润的，一股香甜的味道一直渗进我的心田。闭上眼睛，呀，我仿佛来到了香蕉的世界，许多香蕉向我跑来，争着要让我品尝它们呢！

啊，香蕉娃娃，谢谢你！

# 日 记 两 则

陈东东

## 8月5日 星期天 晴

我这个人什么都好，就是写作业时爱拖拉。

这不，又是周末到了，星期五的晚上，我趴在电视前不肯离去。妈妈对我说："快写作业去，别拖拖拉拉的。"可我是充耳不闻，嘴上在答应："来了，急什么。"可屁股还是没挪动一点儿。妈妈看了又生气又心疼，说了我许多次，可我就是改不了。

昨天，妈妈教我背了一首诗："明日复明日，明日何其多。我生待明日，万事成蹉跎。"看着眼前一大堆的作业，我明白了妈妈的良苦用心，妈妈在教育我要珍惜时间啊！

这首诗对我的触动很大，老毛病看来得改改了。这个双休日，我早早地就把所有的作业都做完了。

## 12 月 12 日　星期六　阴

吃过晚饭后，我和爸爸妈妈一道在小区里散步。

我们一边走一边谈，不知不觉地来到一处岔道。爸爸指着前面的一条道说："我们从这条道回家吧！"我说："好啊！"

"这条路不是不通吗？还走什么！"妈妈扭过头问道。

"你怎么知道这条路走不通？"爸爸反问起来。

就这样，爸爸妈妈你一言我一语地吵了起来，吵得是不可开交。我忍不住了，大声地说："那我们就走一走试试吧！"爸爸妈妈都表示同意了。结果，竟走通了。

爸爸说："怎么样，我说得没错吧！"妈妈没话说了。

这件事，让我明白了一个道理：凡事总得试一试，才能做出正确判断啊！

# 小　河

阎玉佩

　　有人喜欢波澜壮阔的大海，有人喜欢水平如镜的西湖，而我却喜欢故乡那条姿态优美的小河。

　　穿过郁郁葱葱的树林，转眼间来到小河边。瞧！杨柳那婀娜多姿的枝条随风款款地摇摆，仿佛一位位少女在河边梳理着翠绿的长发。河水长流不尽，犹如一条翠绿的丝带飘向远方。阳光照射在水面上，波光粼粼。水中的太阳不住地随着波纹颤动。我陶醉地坐在河边，将双脚伸进水里。嗨！真凉！哟！调皮的鱼儿不断地吻着我的脚，弄得我浑身痒得慌。我一惊，摆了一下脚，这些鱼儿却不以为意地仍旧围在我的脚下嬉闹着，突然间又如那调皮的孩子般一哄而散地游走了。脚仍不停地搅动，河水溅了我一身，溅起的浪花欢笑着、奔跑着跳进河中。我又轻轻地用手捧起一群聚拢在一块儿的小精灵，可不一会儿，它们又不知不觉地欢笑着跳入水中。我尝了一下河水，凉爽爽的，略带点儿甜味。

　　岸边，有许多千姿百态的石头。瞧！这块像波澜壮阔的大海，这块形似天鹰，那块酷似沙漠黄昏，还有一些见也没见过、说也说不出名来的石头。这些石头星星点点地散落在清澈的河岸边，为小河增添了几分魅力。

我更爱看小河夕照，它会使你想起诗句："悠悠河水，夕阳光照……"晚霞倒映河中，仿佛打翻的颜料，慢慢扩散在水里。蓝光在河这一边闪烁，黄光、红光在河那一边摇曳。微波荡漾，搅乱了红光、蓝光、黄光，但层次依然分明，就如同一道彩虹。这道彩虹闪耀着，好像要让水下的鱼儿观赏这五光十色的水上光环，时而有几条小鱼跃出水面，为这幅画增添了许多生机。

小河的绚丽多姿让我陶醉，使我惊叹，大自然怎么造就出这么美的杰作？

# 荔 港 秋 色

陈乐怡

　　静静地坐落在珠江河畔的荔港南湾绿化小广场，以明艳的色彩从蔚蓝的天际脱颖而出，构成了珠河之畔一道亮丽的风景。

　　这个绿化小广场就在学校的后面。倚窗眺望，只见绿树挺拔，碧草如茵，鲜花怒放，江水奔流，真令人赏心悦目。

　　我们踏着金秋的阳光，迎着习习的秋风，漫步在林荫小道上。小道是用蓝、白两色的小方砖铺成的，现出一个个扇形图案，一直伸向江边。小道两旁是草坪，草儿被金秋染成一片黄绿。伴随着阵阵秋风，小草拨动着黄绿的身子，跳起欢快的舞蹈，给人带来无穷乐趣。

　　草坪边上种着两排树木，有大叶榕、小叶榕、橡胶榕等，它们撑开绿色的树冠，挺立在蓝天下。我抬头仰望，一棵形状奇特的橡胶榕吸引了我。它高约八米，粗大的树干长到离地面几尺高的地方，便一分为三，形成了三根主干，中间的那根最粗。远远望去，就像巨人在草坪上倒立，可有趣啦！时值初秋，橡胶榕还是那么郁郁葱葱，不计其数的枝叶向四面八方伸展着。叶子是椭圆形的，巴掌般大，质厚而光滑，表面像涂了一层油似的。在秋阳的照耀下，叶子闪着绿光，像一群活泼的绿色小精灵在树上跳跃。啊，这是一种奇特的美！

草坪上种着各式鲜花，最好看的当然要数美人蕉了。你看，它们的叶子像芭蕉，翠绿翠绿的。从叶子中冒出一枝枝细长而笔直的茎，绿茎的顶端开着一朵朵鲜艳的花。那花儿形如喇叭，色如朱砂，红得可爱，就像一群亭亭玉立的仙女，怪不得人们叫它"美人蕉"呢！瞧，菊花开得多灿烂，黄澄澄的，一簇簇地盛开着，仿佛是节日的焰火，真惹人喜爱！

我们沿着小道继续往前走，一座造型独特的喷水池出现在我们的眼前。喷水池是圆形的，用白色的带有灰黑色花纹的云石砌成，高不过六十厘米。水池中耸立着一座海豚塑像。看，两条灰黑色的海豚跃出水面，冲向蓝天。多么生动的造型啊！喷水池四周是圆形的花坛，里面种着嫩绿色的冬青。几股水柱在秋风中摇曳，池中盛开了朵朵晶莹的水花，好看极了。几位叔叔、阿姨坐在池边的石凳上，指指点点，说说笑笑，好不开心。嘿，他们准是看上了荔港南湾那幢楼房啦！

喷水池左侧有一座儿童乐园，里面的设备可多啦！那蜈蚣形的爬梯，奇形怪状的滑梯，有趣的转盘，五颜六色的秋千架……使人一看顿生爱慕之心，我多么希望能进去玩个痛快。

环视满园秋色，我感到身心愉悦，乐趣无穷，情不自禁地赞叹：荔港南湾秋色无限好！如果没有荔港南湾绿化广场，我们的校园将去失去一半的美！

# 大　明　湖

张　婧

　　大明湖是济南的三大名胜之一。"四面荷花三面柳，一城山色半城湖"是它的真实写照，那里还有趣味十足的儿童乐园。

　　走过写着毛主席诗词的迎门大理石碑，一直向前，一棵棵立在湖边的垂柳，就像一个个苗条的少女在湖边梳理秀发，一边梳还一边唱着"沙沙、沙沙"动听的歌曲，给人以美的享受。

　　走在湖堤上，眺望水势浩渺、芙蓉镜似的大明湖，真令人心旷神怡。数十只船、画舫从水面上悄悄地划过，留下一路燕尾形的波纹。湖水澄清，清得都能看到水里的鱼儿戏耍。

　　湖中心有一组精心设计的喷泉，中间的一个能喷五六十米高的水柱，周围的几十个小水柱相互交叉在一起，犹如巨型水塔的塔座。水珠四散，洒落在游人脸上，清爽极了。偶尔还会出现七色彩虹，为大明湖又增添了一份生趣。

　　在喷泉的西南方有一个湖心小岛，那就是历下亭。它被层层垂柳包围着，掩映在绿荫和湖光之中，里面有许多文人墨客的题字，使历下亭显得更加古朴、典雅。

　　傍晚，微风中的湖面碧波荡漾，在夕阳的照耀下，闪烁着亮晶晶的光点，像撒了碎金、碎银。

夏秋之交，湖面上大片大片的荷花开出白色、粉红色的花朵。有的躲在荷叶背后，不肯露头，像个羞怯的小姑娘；有的从荷叶中探出头来，含笑怒放，散发出阵阵清香；有的还是花蕾，看起来饱胀得马上就要破裂开似的。一片片荷叶就像一个个翠玉雕刻的大圆盘，有的高出水面，有的贴在水上。

大明湖多美啊，乘一叶扁舟，荡漾在大明湖上，就如同进入了仙境。

大明湖东岸是苇塘，南岸是遐园、苍碧亭、山东省图书馆、湖天一角楼、明漪舫、绿云居、虹月轩等建筑，北岸有沧浪亭、花厅、铁公祠和汇波楼等，西岸是儿童乐园。

西岸真是名副其实的儿童世界，它给我留下了深刻的印象。里面的娱乐设施各式各样，有摩天轮、碰碰车、滑行龙等。特别是新建成的海盗船，可怕的船长和水手被雕刻得栩栩如生。只见船长右手举着一把利剑，左手握一个钩子，两撇胡子翘得老高，满脸的杀气，让人毛骨悚然。海盗船启动时，上上下下地摇摆，就像荡秋千。乘坐的人有的吓得直叫，有的闭上了眼睛。这热闹有趣的儿童世界，真叫人流连忘返。

如果说泉城是一块翡翠，那大明湖就是嵌在翡翠上的一颗明珠。有时间请你一定要来大明湖坐海盗船、滑行龙，欣赏一下大明湖的荷花和它那引人入胜的风景。

# 家乡的白杨树

解翠翠

我的家乡在山脚下，是一个美丽的村庄。村子里有许多白杨树。每天上学的时候，路两旁的白杨树陪伴着我。它们高大挺拔，像一个个守卫人民的战士。

春天来到时，树枝上爬满了一个个胖宝宝。当春雨哗哗下起来时，它们好像为了明天更加美丽，在拼命吮吸着甘露。一个多月后，芽苞开始抽叶，渐渐的，每根枝杈上都长满了绿叶，密密麻麻，一层一层，在微风中轻轻摇曳，像活泼可爱的小孩儿。

夏天到了，小宝宝们都长大了。满树的绿叶，阳光洒在每片树叶上。那翠绿明亮的颜色照耀着我们的眼睛，似乎每一片树叶上都有一个新的生命在颤动。这美丽的白杨树！雨过天晴的夜晚，白杨树更加美丽了。落在树叶上的水珠在月光的照耀下闪闪发光，像颗颗宝石。白杨树不仅美丽，而且有高尚的品格。白杨树对待小鸟就像对待自己的孩子，让它们在自己身上搭窝建巢，并且为它们遮风挡雨。

秋天，饱经风霜的白杨树叶渐渐枯黄了，一片片黄叶在秋风中簌簌飘落。随着风时而像在打秋千，飘飘悠悠；时而像降落伞，缓缓坠落；时而像一群飞燕，悠然飞翔。多有意思呀！落满叶子的地面像铺了一层金毯。落叶被扫进花园，与大地融为一体，为了明年的希望。

# 华 山 松

阎文哲

我的家乡山东有许多种树木，其中最常见的是华山松，我对它有着一种特殊的感情。

记得小时候，我常常咳嗽，爸爸给我吃了很多药，可总断不了根儿。姥姥听说松子可以润肺，于是，她就经常从家乡寄松子给我吃。当时，我的牙还没长齐，咬不开松子的硬壳，妈妈就拿一把小锤替我敲。那又白又嫩的松子仁放到嘴里一嚼，一股松油的清香沁人心脾，真好吃啊！这样，我天天吃松子仁，不仅病治好了，而且身体也长得壮实了。

后来，有一次我到姥姥家住，问姥姥松子是什么树上结的。姥姥说："是咱家后山上的华山松上结的啊！"我又问："华山松长什么样啊？"姥姥说："等有空我带你上山去看看就知道了。"

在一个春和景明的日子里，一大早姥姥就带我到后山去看华山松。姥姥指着满山的树说："这就是华山松。你看，这些小树皮很光滑，大树的皮裂成方块状，很像一块块方布贴在上面，但不会脱落。这些树高的有几十米，矮的也有三四米。枝杈向四方伸开，叶子绿油油的像针一样，又像涂过一层油漆似的，多漂亮呀！"我左看右看，怎么也找不到我爱吃的松子，就问姥姥："松子在哪里？"姥姥笑着说："傻孩子，松子要到秋天才有。你看树上那一朵朵小花，到了夏天，就长成了小松球，秋天松子成熟了，它们就像一个个绿菠萝似的。"我对姥姥说："到时候，我们再来看好吗？"姥姥说："那当然，我们还要捡很多很多松子呢！"

我盼呀盼呀，秋天终于来了，姥姥便带我去后山，嗬！华山松真的挂满了绿色的"菠萝"，沉甸甸的，把树枝都压弯了，可是还不见松子。姥姥看着我疑惑的样子，说："松子都在松球里面，只要把它摘下来，放在火上一烤，那像穿山甲一般的鳞壳会自己张开，松子就出来了。你要是不摘它，到了熟透了的时候，鳞壳会自己张开，松子便落下来，掉进泥土里，到明年春天就长出一棵小树芽。所以要收松子，就要在秋天时摘下来。"那时我想，松子又好吃，又有药用价值，华山松可真神奇……

去年寒假，在一个大雪纷飞的日子里，我又一次到了姥姥家。第二天早上，雪还没停，我就迫不及待地跑到后山去看华山松。啊！华山松可真美啊！针叶还是那么绿，树干在风雪中傲然挺立，不由使我想起陈毅爷爷的诗句："大雪压青松，青松挺且直。"我正想着，忽然一团团积雪从树梢落下来。我向上望去，看见枝上还挂着许多松包，已经空了。于是，我又想，那松子大概正在泥土里等待着春天的来临吧！到了那时，每座山上都会长满新一代的华山松，陈毅爷爷说的那种松树的精神，也会在我们每个人的心中生根发芽。

华山松活在我心里。

# 我和月亮姐姐说悄悄话

吴燕华

夜语如歌，蛙叫虫鸣，月光如水一般静静地泻在每一片叶子和花瓣上，薄薄的青雾浮在荷塘上方，叶子和花仿佛在牛乳中洗过一样，又像笼着轻纱的梦。我抬头仰望明月，哇，好美！几缕云慢悠悠飘过，月亮姐姐穿梭其中，似乎拿着一方白净的手帕，在老远地召唤着我。我情不自禁地张开双臂，身体也随之飘浮起来。穿过云儿缕缕，啊，我和月亮姐姐见面了。偎依在月亮姐姐怀里，看着繁星甜美地睡了，我们说起了悄悄话。

"姐姐，我可不喜欢妈妈了。""妈妈那样疼爱你，为什么会不喜欢她呢？"姐姐非常惊讶，眨了眨美丽的大眼睛，疑惑地瞪着我。"妈妈叫我要诚实，自己却撒了谎。那一次，妈妈做了我最喜欢吃的红烧鱼，在一旁看我津津有味地吃着。我要她一起吃，她却摇摇头，说自己不喜欢吃鱼。后来我却发现她在厨房悄悄拣着碗里的碎鱼片。你说妈妈是不是说了谎？"我的嘴不知不觉又不高兴地噘了起来。姐姐甜甜地笑了，用食指轻轻地戳了一下我的额头："那叫爱。"

"我也不喜欢爸爸！""这又是为什么呀？""啊——

嚏！"星宝宝打了个喷嚏。"嘘！"我压低声音轻声地告诉姐姐，每天一下班，爸爸就一把抱起我猛亲，又粗又密的胡子扎疼了我的脸。我说他了，可他就是改不了。姐姐摇了摇头："傻孩子，这也是爱！"爱？我茫然了。姐姐抚摸着我的头："长大了你就会明白。"此时，我真希望快快长大。

我仔细琢磨着月亮姐姐的话，似懂非懂……

夜还是那样恬静，冰清玉洁的月亮悬在深蓝的夜空，使整个世界变得宁静而富有诗意，深邃而又高远……

# 美丽的四面山

刘丝薇

在我的家乡，有一处十分美丽的自然景观——四面山。暑假时，我们去四面山游览了一番。四面山，顾名思义，四面环山。这里山清水秀，且不说四面山的山，只说四面山的水。

## 望乡台瀑布

来到四面山就不能不去看望乡台瀑布了。早就听说望乡台瀑布的壮美，它是中国第一高瀑。绕着弯弯的公路，一路上未见其形，却闻其声，轰隆隆的水声早已响彻山谷。山路十八弯，终于弯到了望乡台瀑布。我迫不及待下了车，哇！真是百闻不如一见，真不愧是华夏第一高瀑啊！它像一条巨龙从天而降，一泻千里！阳光透过淡淡的薄雾照耀着整个山谷，瀑布上豁然挂着一道彩虹！我被这绚丽壮观的景色惊呆了，一种莫名的感动涌起。此刻，我不禁想起那著名的诗句："日照香炉升紫烟，遥看瀑布挂前川。飞流直下三千尺，疑是银河落九天。"

## 水口寺瀑布

跟望乡台瀑布比起来，水口寺瀑布显得轻柔了许多。走在山中小道，四处鸟语花香，山泉叮叮咚咚地流淌，心情也十分轻柔，直想歌唱。不知不觉就走进了观瀑栈道，这是在瀑布的背面。我从未如此近距离、如此角度地接触瀑布，仿佛伸手可及。瀑布像一层薄纱温柔地缓缓地泻落下去，朦朦胧胧，如梦似幻。沿着观瀑栈道来到瀑布的前面，看到了水口寺瀑布的全貌，就像一位仙女伫立在那里，美丽小巧，神秘梦幻。而那水，就是披在仙女身上的衣裳了。轻轻地飘下，小心地溅落在游人的衣上，似仙女轻轻的抚摸，安详宁静，那一刻，什么都静止了，时间也停留了。

## 洪 海 泛 舟

洪海其实是一面湖。湖水碧绿清幽，像一块巨大的翡翠镶嵌在四面山中。泛舟湖上，两岸风景明秀，微风轻轻吹拂，风生涟漪，波光粼粼，十分惬意！游船上的人们或打扑克、麻将，或观赏如画风景，悠闲自在。湖中不时有鸳鸯戏水，犹如身处人间仙境。我不禁吟出一首诗：

洪海泛舟乐悠悠，鸳鸯戏水自在游。

两岸风光无限好，四面山景把人留！

幸福的微笑

# 别小看了这张纸

张伊弛

上课铃响了，杨老师走进教室，从讲桌下面拿出来一个水桶，放在了椅子上，这只桶高约三十厘米，口径约有二十五厘米。

接着，老师把水桶灌满了水，问谁能用一只手把这桶水提起来。孙立志走到了讲台前，轻轻一提，就把这桶水提了起来。老师又叫了王珉昊，他也没费吹灰之力就提起了这桶水，看来还是男生力气大呀。接着，老师又叫了我、张海悦和张云帆三个女生来提这桶水，尽管我们三人都把水桶提了起来，可也费尽了九牛二虎之力。我心里非常纳闷儿：老师灌了满满一桶水，又让我们分别去提，到底干什么呀？

这时，老师又拿出了一卷卫生纸，撕下一小块，对我们说："看来用手直接提，谁都能提起来这桶水，现在我要增加难度，看谁能用我手里的这一小张卫生纸，把水桶提起来，而且手不能接触水桶。"

老师说完，用眼睛望着我们，同学们陷入了沉思。过了一会儿，郭若宁举起了手。他来到了讲桌前，拿起了那一小张卫生纸对折又对折，共折了好几回，折成了一张小窄条，然后把纸穿过桶梁，将两头对齐，浑身一发力，卫生纸把水桶提起来了，郭若宁成功了！同学们发出了惊叹声。

想不到的是杨老师又增加了难度，他往桶里放了六瓶水，这回水桶又增加了重量，不知道还有哪位大力士能用一小张纸提起这桶水。

第一个上来的是聂永欣，遗憾的是他失败了。又有郭佳、陈子川、李昊等同学上来一试身手，他们用的方法大同小异，但不知是因为他们力气小，还是方法不太得当，他们谁也没能提起这桶水。

最后该轮到杨老师大显身手了。杨老师发现这卫生纸有三层，便把它一层一层地揭开，这样一张纸就变成了三张纸。杨老师分别把三小张纸在手掌上使劲地搓，然后又使劲地拧，三张纸就变成了三根小"麻花"，老师又把这三根小"麻花"拧成了一股，就像是一根细铁丝。他把这根"铁丝"穿在桶梁上，手一用力，哇！水桶被杨老师提起来了，同学们都热烈欢呼。

这节课让我明白了一个既浅显又深刻的道理：一小张纸虽然很轻，又容易断，可只要把它们的力量合到一起，那就不容易断了。我们人也一样，一个人解决不了的困难，大家一起来解决就容易多了，正如人们常说的那句话：团结起来力量大。

# 跳 山 羊

邵心如

体育课，老师郑重地宣布："这节课的活动内容是跳——山——羊。"话音刚落，教室里就炸开了锅，因为有人欢喜有人忧。

"山羊"被请到操场上，老师在"山羊"周围铺了软棉垫："下面我给同学们讲解一下动作要领。"老师一边说着一边做着示范，轻松地在"山羊"上一蹦而过。我呢，根本没听清老师都讲了些什么，眼睛里只有那只"山羊"——黑黑的皮垫子，用四根铁杆稳稳地支撑着，从同学们刚才抬它的动作来看，挺重的。

"嘘——嘘！"哨子长一声，短一声，老师开始点名让同学们来试跳。邵鹏是第一个。他可是个体育健将，根本没把这小小的"山羊"放在眼里。只见他蹬两下腿，就冲了过去，像一阵龙卷风一样。到了到了，他并起双腿在跳板上一顿，从皮垫子上"卷"了过去。谁知他的脚板勾到垫子上，像只海龟一样，在软棉垫上摔了个四脚朝天，老半天爬不起来。

"哈哈哈……"操场上爆发一阵狂笑，许多人狠狠地跺着脚，都快笑疯了。

如果说第一个"吃螃蟹"的是英雄，那么第二个算什么呢？陈雪，是老师点名第二个跳山羊的试验品。陈雪一脸紧张，向前跑了几步，又缩了回来，踢踢腿，做着热身动作。她小心翼翼地跑着，双腿在脚踏板上一蹬，飞起来了。她没有掉下来，也没有跳过去，就这样卡在"山羊"背上，骑"羊"难下了。

　　轮到我出场了，我的心怦怦跳着，没有掌声，没有欢呼，操场上似乎被泼了一盆冷水，仿佛一场滑稽笑话即将上演。我没有后退之路，使劲跺跺脚，扬起一小片尘土，成功也好，失败也罢，拼了。我双眼紧盯着"山羊"，飞快地冲过去，到了跳板上，已经没有仔细思考的时间了，我用手在皮垫上一按，当双脚离开踏板的时候，双手自觉地松开了。落地，我一个趔趄，身体向前倾去，我连忙用双手支撑。没有顺利地完成，但也没有出丑，我对自己的表现还算满意。

　　走回来的时候，我回头望了望"山羊"——下次我一定征服你。哼！

# 与其妒忌别人，不如超越自我

## ——读《草船借箭》有感

### 黄智超

　　自古以来，总有那么一些人，看到别人有才干，比自己强，不是发奋直追，而是怀着妒忌之心，不择手段地加以陷害。

　　故事《草船借箭》讲的是周瑜看到足智多谋的诸葛亮处处高自己一筹，便心怀妒意，处心积虑想置诸葛亮于死地。他以军中缺箭为名，要诸葛亮十天之内造出十万支箭。然而，神机妙算的诸葛亮却成竹在胸，趁着大雾漫天，略施小计就用草船从曹营"借"来十万支箭，提前七天顺利完成了任务，使周瑜的诡计没能得逞。

　　有些人为什么会有妒忌之心呢？那就是害怕别人超过自己。当别人有了成绩，为社会做出了贡献，受到人们的尊敬和爱戴的时候，这种人不是去探究别人取得成绩的原因，不是虚心学习，顽强拼搏，取人之长补己之短，而是冷眼讥讽，甚至恶语中伤，这是多么愚昧无知的表现啊！

　　读了《草船借箭》，我不由得想起了数学家华罗庚爷爷。华爷爷是数学界的泰山北斗，可以说是学贯中西，举世闻名。可是他在读小学的时候成绩并不怎么优秀，数学考试常常不及格。在这种情况下，他没有灰心，更没有妒忌学习成绩好的人，他始终坚信通过自己的努力能够赶上别人。有志者事竟成，通过不懈努力，华爷爷终于成了万人景仰的数学家。尤其难能可贵的是，当天赋超群的陈景润崭露头角时，华爷爷不是担心他会盖过自己的风头，不是去打击贬低，而是去培养提携，鼓励他去努力摘取数学的王冠。华爷爷这种高尚无私的精神多么值得我们去学习啊！

读《草船借箭》，我不由得想起了自己，妒忌心理不是也有吗？如果考得不好，我不是去认真分析自己错在什么地方，以便对症下药，有针对性加强学习，而是希望取得好成绩的同学，在下次考试中出些差错，好和自己扯平。看起来是无伤大雅的小事，其实这可怕的妒忌心既严重地禁锢了自己前进的脚步，又伤害了同学之间的感情，于人于己都极为有害啊！

与其妒忌别人，不如超越自我！所以，我们一定要从小杜绝妒忌他人的不良习气，做一个心胸宽广的好学生。

# 交朋友的滋味

李杲宇

"朋友"这个词想必大家都熟悉，我每每想起交朋友的经历，心里就像打翻了五味瓶，酸、甜、苦、辣、咸，什么滋味都有。

当我还是一名新生来到一个陌生的班级时，内心是多么孤独；而孤独时，想起以前的老朋友又是多么失落；失落时心里有一种说不出的滋味，那就是"酸"。我时常呆呆地坐在教室里，看窗外的绿树、绿树间的飞鸟，无限思念油然而生，真希望昔日的好朋友能像小鸟一样飞到我的面前。

一学期后，我结识了不少新朋友。她们也视我为好朋友，有空叫我一起玩，放学手拉手一起走，放假我们一起做功课、玩游戏，这时的滋味，那就是"甜"。周末的下午，放学我就和朋友们约好明天去谁家玩。我去时心里美滋滋的，回时心里乐融融的，有朋友的日子真甜蜜啊！

可过不了多久安宁日子，就出现了你争我抢的现象。抢什么？当然是抢朋友了。每次"冤家"相对相互仇视，每次争抢朋友互不相让，每次朋友面前明争暗斗，每次……没完没了，真是

"苦"呀，大家为什么不能都做朋友呢？

　　有时真想化敌为友，可"敌人"的心思太难捉摸，虽然偶尔也有缝隙可钻，可就像一只红辣椒，红得诱人又辣得难以下口。我时时想改善一下天天争斗的情形，所以那日主动冒险与"敌人"搭了一下话，她好像看出了我的心思，也紧密配合我。放学时，她和我打招呼，热情地说："今天放学一起走，怎么样？"我当然满口答应。在路上，当无话可说时，她主动找话，我们叽叽喳喳地到了岔路口才分开，约好明天见。

　　新的一天开始了，我早早地来到学校和她约定好放学一起走。真是世事难料呀，在路上我碰到了我最好的朋友，她也一个人走在路上，她与我打招呼。我也热情地邀请她和我们一起走，可她满脸不高兴转身就离去。我心想："怎么办？如果冷落了这位新朋友，我的心血就白费了。不理好朋友呢？不行，她可是我无话不说的好朋友。"我心里的激战开始了，但我还是坚信好朋友能理解我，就忐忑地走过她的身旁，真不忍心可又不得不这样。这真像一道放了太多太多盐的菜，不得不吃，可又难以下咽呀。

　　交朋友的滋味真是千奇百怪、五味齐全呀。

# 带你去游象山

项　灿

这个"五一"黄金周里，我们全家随着如潮的人群去了象山，我别提有多高兴了。

一路上，爸爸把汽车开得飞快，微风吹拂着我的脸，窗外的景物一跃而过，一下子就把我们带到了象山。

我们先到了象山影视城。那里都是一些仿古的建筑物，有城楼、弓箭台、断头台、赛马场……妈妈告诉我，这里是为拍电影而建起来的，许多电视、电影的拍摄都是在这里完成的，有好多电影明星都来过呢。我赶紧向四周张望，想一睹明星的风采。妈妈好像看透了我的心思，说："别找了，今天明星们也忙着过节日呢！"我只得吐吐舌头，失望地向妈妈做了个鬼脸。

吃过午饭，我们又去了石浦的中国渔村。一走进渔村，映入眼帘的是一艘旧渔船，上面醒目地刻着"中国渔村"四个字。我从没有这么近距离地看过渔船，真把我看呆了。我又向四周环视，用巨石铺成的广场一边是一堵用鹅卵石砌成的石墙，另一边则是一些错落有致的渔楼。灰色的瓦片上挂着一盏盏红灯笼，旋转的风向标，晒在墙角的渔网、浮子，在海风的吹拂下摇曳着，仿佛向远道而来的人们打着招呼。"哗……哗……"我的耳朵里又收集到了海浪的声音。我循声看去,金色的沙滩到处是一个个脚印,拍打着石崖的浪花奏着欢快的乐曲。沙滩上,前来观光的人们都在尽情地玩着,我和爸爸也迫不及待地加入了这支欢乐的队伍。我们租了一辆摩托车,在柔软的沙滩上行驶着,细沙从车轮上飞溅起来,打在我的脚上、裤子上。下了摩托车,我索性脱下了鞋子,光着脚丫,在沙滩上奔跑,后面印下了我一串长长的、歪歪斜斜的小脚印。海浪也好像一个追逐嬉闹的孩子,一排接着一排地向岸边冲过来,带着我的脚印又嬉笑着退去。哈哈,我的身上沾满了海的味道,我成了一个海的孩子。

如今的象山,已经建成了一个以中国渔文化为主题的休闲度假旅游基地。每到节假日,就有成千上万的人涌来,来到这令人神往的地方吹吹海风。

今天,我们真的是不虚此行。"五一"节的欢乐,在这里得到了最大的释放。

幸福的微笑

# 美丽的西湖

邵翊戴

"欲把西湖比西子，淡妆浓抹总相宜。"这句诗充分写出了西湖的美丽，这次我亲眼看到了西湖的美景，感受到了她清澈的湖水，连绵不断的山峰。

我和爸爸妈妈来到西湖边，第一眼看到的就是那漂满荷叶的西湖，这个画面让我想象到：夏天，美丽的荷花会在一张张荷叶之间冒出来，露出嫩黄色的小莲蓬，像水中的一个个大舞台。青蛙在上面呱呱地唱歌，小鱼在上面欢快地跳舞，小虾在上面伴奏……

还有那岸边绿油油的小草，中间夹着一些野花，有红的、蓝的、紫的、黄的，像一张绣满花纹的地毯。金色的落叶纷纷从大树妈妈的怀抱中落下来，好似许多金蝴蝶以各种姿势飞了下来。

最美丽的要数西湖中的音乐喷泉了，音乐一放，它们就跟着音乐跳起舞来了。当音乐温柔时，它们互相交叉，左弯弯，右弯弯，好像一群会跳舞的姑娘；当旋律加快，它们就一个挨一个地快速下腰，有高有低的，仿佛一队很有经验的舞蹈家，美丽极了！

这些优美的风景凑成了美丽的西湖，让我们流连忘返。我爱西湖的荷花，我爱西湖边的小草，我爱西湖中优美的音乐喷泉，我更爱美丽的西湖！

# 暴　雨

姜赟琦

傍晚，天比以往黑了，风也大得很。人们一看天色就知道马上就要下一场暴风雨，都加快了步伐。

远处，乌云密布，狂风大作，门口的树枝猛烈地甩动，好像在打架，树叶沙沙作响。过了一会儿，整片天空都被乌云盖住，黑压压的。天似乎被一层黑布遮住了，一会儿轰隆隆的雷声吓得人急忙往屋里跑，一会儿霹雳的闪电让人望而生畏。

虽然很吓人，但那奇形怪状的闪电让我禁不住要出去瞧瞧。我和弟弟拿了一条凳子坐在外面，捂着耳朵望着天空中奇特的闪电，瞧！这条闪电像一条长龙，那条闪电像一棵树⋯⋯

风还在呼呼地吹着，吹得我的头发乱糟糟的。

说时迟那时快，倾盆大雨顿时从天而降，所有人都没有防备，我和弟弟被这从天而降的大雨淋成了落汤鸡。我俩抱着小凳，连滚带爬地"爬"进店里。爸爸妈妈见了笑得合不拢嘴，连忙拿毛巾来给我们两只"落汤鸡"擦干。门外，雨哗哗地下着，路上没带雨伞的行人跑到路边的店里避雨。雨声夹着雷声，"哗——哗——哗——轰隆隆——"

大雨过后，天色又亮起来了，街上又恢复了安宁，小学生们快活地踏着水花回家了。

# 我 爱 夏 天

王 鑫

夏天来了吗？我曾不止一次地问大地，问蓝天，但它们都只是憨厚地对我笑了笑，并没有给出答案。可我是个犟脾气，不厌其烦地问，它们被逼急了："你去问风吧！"

问风，风知道夏天在哪儿，它什么时候来到我们的身旁。突然，似乎是一阵微热的风，吹来了夏天。好家伙，说来就来，带着热情来了，更带着不一样的感受来了——

夏是闷热的。夏天一来，它就告诉人们，脱去那笨重繁琐的冬装吧。可夏天的热情还是让人大汗淋漓，即便是遮阳伞、太阳帽也挡不住火热的阳光。慵懒的人们每天都想在空调房中度过。

夏是美丽的。你就瞧瞧那翠绿的叶儿吧，树叶在阳光的照耀下绿得发亮，绿得流油。还有那满地的鲜花竞相开放，那么多的蝴蝶在五彩斑斓的花丛中飞来飞去，像一位美丽的女郎在轻歌曼舞。绿草在微风中荡漾，掀起了一层层绿色的波浪，散发着迷人的青草味，荡出了夏的生机，漾出了夏的风采。

夏既是宁静的，又是喧闹的。白天，池塘边的柳树静静地立着，映在水面上，像一位待嫁的姑娘在对着镜子梳妆打扮，漂亮而迷人。而知了却不甘寂寞，一个劲儿地叫着"热啦——热啦"。晚上，宁静的池塘边青蛙在"呱呱"地叫着，叫出了夏的美丽、夏的文雅、夏的乐章。

我爱这多姿多彩的夏天。

# 我 爱 我 家

钮树清

"我想有个家，一个不需要华丽的地方……"每当听到这首歌，我就会想到自己的家。

我一直在想：我的家并没有华丽的装饰，但却有无尽的关爱和温馨。我时常告诉我的朋友，我的家就是这样温馨和谐，我的家是超幸福的地方。

如果你要我把家做一个比喻，我认为我的家就是一条大帆船。

爸爸是船，是一艘大船，同时也是船上的主舵手。船载着我驶向求知的彼岸。当全家遇到大风大浪时，舵手就会想尽办法使全家避免风浪的侵袭。这艘船在大海航行中，教会了我许多人生哲理：只有不怕风浪，不怕艰难，才能成功。

妈妈是帆，妈妈是船上的大帆。当船想退缩时，帆便鼓励大船，并帮助它继续前行。一旦船疲劳时，帆便起了作用，帆和船一起用力，船便行驶得又快又稳了。

奶奶是风。当船和帆累得再也行不动时，有了风的帮助，船便开动了。无论顺境还是逆境，只要全家人齐心协力，不管什么

幸
福
的
微
笑

样的大风大浪都能挺过去。

在这条船上，我最幸福，因为船载着我，让我赏尽了海上的无限风光，并且教会了我如何战胜风浪，如何做人，如何为别人着想……

生活在这个温馨的家里，我十分快乐！

# 我心中的榜样

罗　琳

星期天的早晨，暖暖的太阳照射着大地，又是一个晴朗的好天气。因为我提前做完了家庭作业，心里甭提多高兴了。我闲来无事，到姥姥家"杀"一圈也是蛮爽的。跟妈妈打了招呼后，我就奔向了离家不远的汽车站。

人逢喜事精神爽，心情愉快自然也觉得周围的一切是那么惬意。正在我四处打量之际，有一处不和谐的"色调"闯入了我的视线：就在我前面不远处有一位长着络腮胡子的彪形大汉，眼戴墨镜，上身穿着黑色背心，露出黝黑粗壮的肌肉。看到这些我马上想到了电视剧里的黑社会老大的形象，顿时心里充满了恐惧和反感。我本来愉快的心情这时也打了折扣，汽车怎么还没到站？

没过多时汽车停了下来，在售票员的搀扶下上来一位步履蹒跚的老人。由于车上已是人满为患，老人只好无奈地借助拐杖站着。随着汽车的开动，老人就像风中的不倒翁前摇后摆。我正想努力穿过人群，让老爷爷过来坐我的座位时，耳边传来"震耳欲聋"的声音："老大爷，您老这么大年纪了，快过来坐下。"我循声望去，原来是那位"黑老大"抢了我的"买卖"，这时全车人一点儿声音也没有了，我想可能是大家的心里都想着一样的问题吧！

我望着前面"黑铁塔"似的背影，顿时"黑老大"的想法已荡然无存。他是我的榜样，他高大的背影映入我的脑海并走入我的内心深处。

# 碰　蛋

施姗姗

在全国各地，大多数地方都有立夏时吃蛋的习俗，我的家乡南通也不例外。立夏这一天，家家户户都要煮蛋，人人都要吃蛋。立夏除了吃蛋，对我们这些孩子来说，最高兴的就是玩一种趣味无限的游戏——"碰蛋"。

立夏这天一大早，妈妈就煮了十几个鸡蛋和鸭蛋。吃蛋前，妈妈提议我们全家举行一次碰蛋大比拼，看谁的蛋最结实，最耐碰。我一听，高兴得一蹦三尺高。

"我来向你挑战！"爸爸挑了一个最大的鸡蛋在我面前晃了晃。望着爸爸那庞然大物，我有些害怕了，就轻轻地抚摸着自己手中的蛋暗暗地想："我的小宝贝呀，请你帮我争口气！""一、二、三，开始！"妈妈伸出两个手掌，向里一合，我和爸爸各自拿着鸡蛋向对方"冲"去，只听"咔嚓"一声，我紧张地闭上了眼睛。"第一轮，姗姗赢了！"我简直不敢相信自己的耳朵，微微地睁开眼睛一瞅，爸爸的蛋真的已经是面目全非了。"哈哈哈！"我得意地笑了。爸爸不服气，又换了几个蛋，但很快都被我的蛋打得败下阵去。我越来越得意，还称自己的蛋是"蛋中之王""常胜将军"。

"我来和你碰一碰！"妈妈挑了一个最小的鸡蛋向我发起了挑战，我轻蔑地看了一眼妈妈的小鸡蛋，心想："你的蛋也太自不量力了，敢跟我这个'蛋中之王'比，我把爸爸那么大的蛋都打败了，这不是自己找死吗？"心里一边想着，一边不以为意地向妈妈的蛋碰去。"咔"的一声，我正准备向妈妈炫耀时，猛然发现自己的蛋出现了一个窟窿。我满脸疑惑，惊讶地张大了嘴巴。妈妈抚摸着我的头，笑着说："你的蛋与爸爸的蛋打了几个回合，已经伤了元气，这时，我的蛋乘虚而入，就很容易把你打败了。"原来是这样，我豁然开朗。

看来，不论做什么事，都要知彼知己，才能百战不殆。特别是在取得一些成绩时，如果盲目乐观，麻痹大意，很有可能出现意想不到的结果。

今年的立夏，又使我成长了许多。

# 妈妈受骗记

丁卡特

一天下午，我闲着没事，随手拿起一本《小魔术》看起来。

这本书真有趣，比如现在我从这本书里看到了一个小魔术，既简单又有趣：用削尖了的肥皂条，可以在镜子上画出"裂痕"。看到这里，我脑子里有了个想法：我想试验一下，顺便吓唬吓唬爸爸妈妈。想到这里，我说干就干。

我拿了一块肥皂，切下一条，然后用小刀"唰唰"几下，就把肥皂条削成小蜡笔的样子了。我来到爸爸妈妈的房间，站在衣柜的镜子前，用"小蜡笔"在镜子上画了两条又细又长的"裂痕"。"啊，真像！"我简直不敢相信自己的眼睛。

妈妈下班回来了，我立即装出一副着急的样子说："妈妈，妈妈，衣柜的镜子不知怎么就破了！"妈妈进屋一看，也急了，冲我嚷了起来："是不是你打破的？"她用审问的眼光逼视着我。"我根本不知道，刚才我进来才发现的。"我强忍住笑意，极力分辩着。妈妈又盘问了我几回，呵呵，得到的回答当然是一样的。"这么说，是镜子自己把自己打碎了？"妈妈显然更生气了。我忍不住"咯咯"地笑了起来。妈妈瞥了我一眼，感到有些不对劲，就改变了态度，笑着对我说："你在骗我吧？"我得意地说："我变的是魔术。镜子根本没有裂开，只是把书上学来的知识用了用。"

"哦……"妈妈看着我，拍手叫绝。

# 幸福的微笑

金湘湘

今天吃过晚饭，不知怎么的，妈妈又是捶背，又是捶腰，一脸倦意，连洗碗的任务也交给爸爸了。

看着妈妈疲惫的样子，我忙问："妈，你怎么啦？"

"没事，可能是店里太忙了，劳累过度。我洗洗脚，今晚想早点儿休息了。"

也难怪，我们一家从外地迁居来何市镇安家，好不容易在镇上开了家小百货店，店里的一切全靠妈妈一个人张罗。每天她起早贪黑，非常辛苦。

"妈，我帮你洗脚吧！"我脱口而出。

妈妈说："真的呀？那'小公主'今天真是辛苦你了。"

我笑着说："妈，没什么！黄香九岁就能温席，我都十二岁了，难道不能帮你洗一洗脚吗？"

说着，我忙去打好洗脚水，再帮妈妈脱了鞋子、袜子。顿时，一股难闻的气味扑鼻而来，我忙捂住鼻子。

妈妈看出了我的心思，说："湘湘，还是我自己来洗吧！"

我连忙放下捂着鼻子的手，连声说："没事，没事……"

是啊，妈妈以前天天帮我洗脚，小时候还一直帮我换尿布，她怎么不嫌脏呢？此时，我感觉自己的脸有点儿微微发热。我赶忙把妈妈的脚放进盆里，洗了起来。洗着洗着，我摸到了妈妈的脚底，感觉硬邦邦的。一看，原来妈妈的脚底长满了老茧。妈妈每天天不亮就起床去看店，中午又得赶回家为我们准备好午饭，忙完，又要到店里做生意……没有一天不是这样忙忙碌碌的，妈妈撑起这个家是多么不容易呀！想着想着，我的眼泪在眼眶里打转，手里的动作不禁慢了下来。

妈妈发觉我在发呆，摸了摸我的头说："湘湘，你怎么了？你洗得真好，今天帮我洗得真舒服……"我边帮她擦干脚边对她说："妈，如果你觉得舒服，以后我天天帮你洗。"

我怕妈妈看到我的泪眼，不敢正眼望妈妈，端着洗脚水，回头偷偷看了她一眼，只见妈妈的脸上洋溢着从来没有过的幸福的微笑……

心中的彩虹

# 美丽的九曲大桥

陈科宏

我的家乡在资阳，那里风景如画，尤其是造型美观的九曲大桥，是资阳市发展的一大景观。它的建成标志着资阳这座新兴的城市向现代化迈进了一大步。

九曲大桥坐落在资阳市雁江区城南郊外的九曲河上，它的前身叫"黄鳝溪大桥"。远远望去，九曲大桥就像一条长龙横卧在九曲河上。只见桥身长约一百多米，是用钢筋水泥铺砌而成的。桥宽二十多米，两边是用大理石铺成的人行道，人行道两侧是一米多高的石栏。桥中间的主车道可以并排行驶四五辆大汽车，这让九曲大桥显得雄伟壮观。桥下有十二个桥墩，像十二只巨手稳稳地擎起桥身，让九曲河的水乖乖地流向沱江。

来到桥上才发现，九曲大桥不仅坚固而且美观。桥两侧的石栏上雕刻着栩栩如生的图案。图案上不仅有玄武、朱雀、白虎和青龙，这些传说中保佑四方平安的"四圣兽"，还有象征远古文化的"太阳鸟"……看见它们，就好像自己也融入了久远的历史中，仿佛和它们对着话，这就让我更加爱九曲大桥，爱我家乡悠久的文化。

桥两侧还各有二十一盏造型美观的霓虹灯，每当夜幕降临的时候，它们就像百花吐芳一样，绽放出耀眼的光芒，远远看去就像一道灿烂的彩虹，时而绿，时而红，时而蓝……让你看得眼花缭乱，应接不暇。那绚烂的光彩把九曲大桥打扮得多姿多彩，也给过往的车辆旅客增添了温暖的光明。站在桥上举目远眺，大桥两边的美景尽收眼底，只见清清的河水缓缓地流向沱江河母亲的怀抱，河面上上百只白鹭悠闲地飞来飞去，偶尔有三五只还要俯身探入水中捕鱼，河两岸是鳞次栉比的高楼大厦，构成资阳另一道亮丽的风景。

九曲大桥像枢纽一样连接着资阳与外界，每天，这里都有川流不息的车辆。正是靠着这条纽带，资阳的经济有了更快的发展，资阳人的生活有了更大的改善。我爱你，九曲大桥。看到你，我们就看到了我们城市的巨大的变化！

# 银 杏 树

蒋雨桐

学校的操场边有四棵银杏树，活像是川剧变脸高手，一年四季变化无穷。瞧，变化开始了——

最先光临的是春姑娘：她把长长的水袖一抛，嘿！银杏树的枝条上便出现一个个嫩绿的"小嘴巴"，朝着春天唱起了动听的歌谣。

春姑娘飘走了，夏哥哥闪亮登场啦！他一亮相，舞台便光芒万丈，"小嘴巴"也随着这光芒变成了一把把碧绿的"小扇子"，随着风婆婆的移动而舞蹈，夏哥哥笑了，知了大声喊"凉快，凉快"。正在树下做游戏的小朋友停止活动，张开双臂仰着头、闭起眼，享受着这一美妙感觉，真舒服呀！

秋姐姐魔术棒一挥，夏哥哥又不见了。一把把"绿扇子"变成了绿中带黄的"蝴蝶"，"蝴蝶"在树枝上跳呀跳呀，还生下了青绿色的"小蛋蛋"，当"小蛋蛋"长得又白又胖时，"蝴蝶"穿上了金色的裙子，慢慢地从树妈妈的手臂上飘下来，真美呀！小朋友看见了，把它们做成书签、贺卡、动物画……千姿百态，各式各样。小朋友还把它夹在书中、挂在墙上、送给老师和朋友。秋姐姐看见了，心头比吃了蜜还甜呢！

　　白胡子、白眉毛的冬爷爷看见了，笑哈哈地走进校园，他打了一个"喷嚏"，最后一只"金蝴蝶"也飞进了大地的怀抱。没有叶子的银杏树虽然没有过去的多姿多彩，却显得更加坚强，在凛冽的寒风中，像一位位哨兵守卫着校园的安宁。小朋友们看到银杏树挺直的身躯，也不由自主地把自己的脊背挺得笔直。

　　我爱你，校园的银杏树！

# 美丽的徐霞客大道

叶　焕

　　天然氧吧宁海有很多著名风景区：浙东大峡谷、野鹤湫、伍山石窟……但是，我最喜欢的还是徐霞客大道。

　　徐霞客大道在县城南面，它边上就是有名的滨溪，溪对面的飞凤阁高高地矗立在飞凤山上，人们都爱去那儿。

　　滨溪的水碧绿碧绿的，好像无数颗绿色的宝石在水底发光，又好像一面明亮的镜子倒映着我们快乐的生活。小朋友尽情地在那里玩耍；大人们静静地在那里钓鱼；一群少男少女在那里游泳，一会儿游到这儿，一会儿游到那儿，犹如无数条活泼的小鱼。

　　再向前走去，便会看见数米高的我国著名旅行家徐霞客的塑像。他站立在徐霞客大道中间，深情地望着远方，似乎在想着什么。我猜测，他肯定在回想着他走过的山山水水。背着箩筐的徐霞客和跟在他后面的书童，形成了一道漂亮的风景线。

　　在路上，我又发现了一个好玩的东西——鹅卵石。在光滑平整的花岗石道路中间，用它铺成了一群栩栩如生的动物：有可爱的小兔子，聪明的狗，还有机灵的小猴子……在道路两边花花草草的衬托下，这些小动物只只讨人喜欢。这真是既有趣又好玩的去处啊！

徐霞客大道，你是我们宁海一道独特的风景线，为我们宁海争光了！我爱你，美丽的徐霞客大道！

# 粉 娃 娃

钱之润

有一首歌里唱"谁不说俺家乡好"，我一听到这首歌，就想到我的家乡。

在我的家乡，好看、好玩的地方有很多。然而有一个我最喜欢的地方，那就是家乡的公园。我家乡的公园，跟别的地方就是不一样。我之所以喜欢那儿，并不是因为那里有一些游乐设施，而是因为那里有美丽的粉娃娃。

粉娃娃，一听这名字，你就有点儿疑惑吧？别急，随我进公园吧！

我在中山公园的石桥上鸟瞰，发现一池粉娃娃穿着绿裙在水面跳舞。这下你们一定知道粉娃娃是什么了吧，就是荷花池里美丽的荷花。

春天，那荷叶绿得像翡翠，大得像托盘，有的荷叶还没有展开，探出了小小的脑袋，蜻蜓飞来，躺在荷叶尖上，晒着太阳浴，别提多舒服了！有句诗说得好："小荷才露尖尖角，早有蜻蜓立上头。"简直就是为现在的美景量身定做的。

夏姑娘来了，她迈着轻盈的脚步悄悄地来到了人间，她飞过了荷花池，让粉娃娃绽开了笑脸，那粉扑扑的颜色加上碧绿的荷叶和镜子般的湖水，使人心旷神怡。

秋天默默地来了，她装了满身的金粉，洒在了荷花池上，给翡翠和粉娃娃穿上了金装。

粉娃娃要睡觉了。冬叔叔穿着白西装来了，他看到这一美景，怕把粉娃娃冻坏了，就送给他们一张雪白雪白的大毯子。

荷花池，粉娃娃，我爱你们！

# 四 季 雨

范腾方

听，雨来了。"沙沙沙，沙沙沙，哗啦啦，哗啦啦……"雨啊，你来了，这是四季雨来了。

春天的雨声是"沙沙沙"的。春雨贵如油。

它来到山川，绿了山川，为山川做了一个绿色的屏障。春姑娘随雨来到森林里，唤醒了香甜入睡的小动物们。春姑娘来到农民伯伯的庄稼地里，它流泪了，因为它看到庄稼还没有发芽，于是泪水变成了一场春雨。呵呵，庄稼终于发芽了。庄稼们感谢了春姑娘。

夏天了，春姑娘下班了，夏娃娃来了，它也带来温暖的夏雨。

看，它在空中架起了彩虹桥，让天空更美丽。知了呢，也喜欢看那美丽的彩虹，趁着雨水的浇灌，它在尽情地歌唱。青蛙一天到晚抓害虫，它知道，有了雨水的滋润，一切的生命都正在茁壮成长，它要为了茂盛的庄稼不被害虫攻击而劳作。

秋天，夏娃娃做完了他的事，秋爸爸起来了，他让我们尝到丰收的滋味。

他来到果园里，带来缠绵的秋雨。一阵秋雨之后，凉透了空气，成熟了果实，果树上的果子变得又大又圆。他来到山坡上，为枫叶和菊花染上了颜色。

冬天雪花纷飞，是冬爷爷吹的冷气。梅花在冷风中傲立，小朋友们也在雪地上玩耍。

四季景不同，趣味更无穷！我爱四季！

# 猪八戒的故事

张 瑾

话说猪八戒取经回来后，被如来佛祖封为"净坛使者"，他整天无所事事，留下了不少故事，经后人传诵形成了许多无人不知、无人不晓的歇后语。

## 猪八戒吃人参果——不知其味

一天，猪八戒正躺在床上，津津有味地吃着水果。突然，他心血来潮，回忆起取经路上偷吃人参果的事情，不禁垂涎三尺，便腾云驾雾去了五庄观。

猪八戒一进门，镇元大仙就迎了出来："猪老弟，哦，不对，应该是净坛使者，您大驾光临，寒舍蓬荜生辉，不知您前来所为何事呢？""镇元兄不必客气，我来只不过是来和您叙叙旧，不知您是否有空？""当然有空，清风、明月，快去摘几个人参果来招待大仙，净坛使者里边请。"镇元大仙一边说一边请猪八戒进屋。"好，"猪八戒喜笑颜开，"那就谢镇元兄了！"

猪八戒和镇元大仙聊得正欢，清风和明月把人参果端了上来，猪八戒欣喜万分，三下五除二地就把人参果一扫而光了，可他回味了一下，人参果怎么一点儿味道也没有呢？原来是他吃得太快了，没有细细品尝人参果的滋味。于是，这成了一句歇后语：猪八戒吃人参果——不知其味。

## 猪八戒照镜子——里外不是人

猪八戒整天懒懒散散，吃饱了睡，睡醒了吃，再加上他不运动，身材越来越难看。一开始，他不以为意，山珍海味连续不断。终于有一天，猪八戒无意间照到镜子，只见镜子里的那个人肥头大耳、膀大腰圆、膘肥体壮，怎么看怎么不是人，怎么看怎么像头猪。猪八戒自己也看得愣住了。人们知道了这事后，便笑他是猪八戒照镜子——里外不是人。

## 猪八戒啃猪蹄——自残骨肉

自从猪八戒照过镜子后，他便决心要减肥，成为一个美男子。就这样，他天天不吃荤菜，只吃素菜，过了一个月，猪八戒再也熬不住了。正好这时，他看见桌上摆着一盘热气腾腾的猪蹄，他心中大喜，不管三七二十一，抓起一只猪蹄便啃了起来，盘中的几只猪蹄静静地"趴"着，好像在跪地求饶："猪大哥，本是同根生，相煎何太急，您就放过我们吧！"可猪八戒不以为意，继续吃着。"猪八戒啃猪蹄——自残骨肉"也是因此事而得来。

# 铅笔盒里的伙伴

滕茹梦

夜，已经静悄悄的了，月光透过窗子照进来，屋里的一切好像都披上了银纱，显得格外清幽。一阵"叽叽喳喳"的吵闹声，把我惊醒了。我凝神细听，哦，原来是高贵的圆珠笔和美丽的自动铅笔在吵架。

圆珠笔先生笑着说："美丽的铅笔小姐，住在下层整日不见阳光可好啊？一定很寂寞吧！"

"我不错呀！我在里面可开心呢！房子很宽敞，又没人打扰我，多谢您的关心。"

"你瞧！现在我多好啊！小主人自从上了三年级后，与我相处的时间更多了，早把你忘干净了！"圆珠笔得意扬扬地说。

"可是，在美术课上，我是最受欢迎的。那时小主人早把你抛到九霄云外去了。"铅笔理直气壮地说。

"唉！你也太软弱了，你瞧！我身边的朋友——橡皮，它翻个身就能把你消灭得无影无踪。"圆珠笔轻蔑地说。

铅笔反驳道："是啊！我是软弱，但是在小主人写错字的时候，最讨厌的是你呀！"

“我……”

“别吵了！”钢笔博士语重心长地说，“你们两个人只看到自己的长处，而看不到自己的短处。不是有句话说'贬低别人就是贬低自己'吗？其实，在我们这些文具中，小主人谁都离不开啊！我们应该团结起来为小主人服务才对呀！”听了钢笔博士的话，圆珠笔和铅笔羞愧地低下了头，陷入了深思……

铅笔盒也恢复了往日的寂静。

# 有趣的彩虹

魏晋鸽

有人说，彩虹是天上的桥，是用七种颜色做成的仙桥。可惜，我从没见过真正的彩虹。但有趣的是，今天，我自己造了一道彩虹。

上午，爸爸、我还有妹妹一起去买鱼缸和小鱼，我和妹妹挑了五条可爱的小鱼，还挑了一个长方形的鱼缸。回到家里，我把小鱼放到装满水的鱼缸里。这时，爸爸拿来一个小桶，从鱼缸里舀出了一些水，又倒进去。我问爸爸，这是干什么，爸爸说是给鱼加氧。我听了，也想试一试。于是，我拿起小桶舀了一些水，又倒进去。我这样重复了好几次，越来越熟，越来越快。忽然，我看见水里有一道五颜六色的东西，再仔细一看，原来是一道美丽的彩虹。不一会儿，彩虹就消失了。我使劲舀水、倒水，彩虹又一次次地展现在我的眼前……

这时，爸爸问我："知道为什么会产生彩虹吗？"我摇了摇头，觉得这可真是个复杂的问题。爸爸解释道："这是因为玻璃鱼缸像个三棱镜，太阳光穿过它时，经过折射作用，被分解成不同的颜色，所以看上去像一道彩虹，等你上初中学了折射原理，就会明白了。"

原来是这样，看来雨后天上出现彩虹也是由于太阳光的折射作用。今天我真高兴，因为我不仅造了美丽的彩虹，而且我还知道了一种科学现象——折射。

# 我喜欢的纸月

## ——读《纸月》有感

吴青宇

她柔和、她恬静、她文弱、她纯洁、她可爱，形容她的词数不胜数。她就是纸月。

她用自己温柔的目光来抚摸桑桑，来鼓励桑桑变得更听话，更爱干净。比如说桑桑把时间花光了，来不及写算术题了，打算将邻桌的作业本抓来一通抄时，纸月看见了，就会把眼珠转向桑桑。这时，假如桑桑看到了这双眼睛，就会听到："桑桑，这样的事不能做哦！"纸月那水灵灵的大眼睛，温柔又有力量，时刻关心着桑桑，教育着桑桑。

桑桑小小的心灵中就装满了纸月，她的温柔和聪明，让人不得不喜爱。她为了不让板仓小学的学生受难，就任他们随便欺负自己。桑桑帮她捉来坏蛋让纸月处置，可她宽容地放了他们，让他们回家。

在我们班里也有一个纸月，她就是沈春燕，她也文静、天真、纯洁。虽然沈春燕不及真正的纸月漂亮、可爱，但她具有纸月一样宽容的胸怀。那次，我不小心撕坏了她的练习册，那时，我内心忐忑，以为她会把我的练习册也撕了。可她却并没有这样做，反过来安慰我："别急，粘一粘就好了！"说完，对我笑了笑。从此以后，她的微笑永远挂在我的心上，在这微笑里我感受到了"退一步海阔天空，让三分风平浪静"的境界。

我喜欢纸月，我会和桑桑一样，为了纸月而改变自己，学会宽容。

# 变化的小河

孙成宇

　　我家前面不远的地方，有一条清澈的小河，那可是个风景迷人的地方。我很小的时候，就常听见许多叔叔阿姨和一大帮哥哥姐姐，站在河堤旁，放声高歌："一条大河波浪宽，风吹稻花香两岸，我家就在岸上住……"这里真美啊！阵阵的清风，送来荷花的清香，淙淙的流水，清澈见底。

　　可是，有一天，我来到小河边玩，记忆中的画面却没有了。我看见小河边被人扔了一些废电池、方便袋、废纸等垃圾，狂风过河，垃圾漫天飞舞，一阵阵恶臭扑鼻而来。当年清澈的小河被污染了，河水变得黑黑的，污浊不堪。有几条小鱼把头露出水面，艰难地在水中挣扎，仿佛在向人类求救。此刻的小河像一个垂暮的病人在哭泣着。

　　怎么办？我们要保护绿水青山吗！我们是少先队员，应该带头保护环境，做美丽家乡的建设者。

　　于是，我约上几个同学，成立了一个保护环境小组，并做了几个牌子，在上面写上"保护环境，爱护小河"八个字。我们来到河边，从小河的上游一直到我们住的附近，把牌子分散插上。

这只是第一步，接下来，我们便开始捡垃圾。我们约定以后每逢周末就来捡垃圾。在我们的影响下，捡垃圾的队伍越来越壮大，而扔垃圾的人越来越少。

　　没过多久，小河逐渐又变得清澈美丽了，恢复了昔日的生机。我真想对小河说：你变了，你恢复了过去的美丽呢！

# 心灵，需要补钙

## ——观漫画《假文盲》

### 袁　博

我们都知道雷锋乐于助人，不顾自己、只为他人。当今社会中，有一些像雷锋一样的人，但是也有一些自私自利、败坏社会风气的人。有一幅漫画就反映了这种现象，讽刺了那些为了自己的利益不顾他人的人，这就是著名漫画家华君武的《假文盲》。

在这漫画上有一块写着"母子上车处"的牌子，四个高大强壮、面无表情的男人冷冷地站在"母子上车处"，一位身材矮小的母亲抱着孩子站在他们的旁边，眼睁睁地望着四个男人，眼中充满了无助。

看完这幅漫画后，我对这位弱小的母亲充满了同情，对四个男人充满了厌恶。四个男人霸占着"母子上车处"，还显出毫不在乎的样子，无视站在旁边的母子，是多么的可耻，道德沦丧。难道他们是文盲？肯定不是，从他们的衣着就可以看出他们是有文化的人，可是他们宁可装出文盲的样子，也不愿把位置让给母子。

我虽然同情漫画中的母子，但是我却替那位母亲感到悲哀。虽然她矮小，斗不过四个男人，但是她应该勇敢地站出来，去批评四个男人，据理力争。我知道这对她来说是一件很难做到的事情，可是她应该鼓足勇气去试一试呀！林清玄先生有一段话："生命中最美好的事物就如同深山中的野兰花，往往开在百步蛇环视的山谷。但是，从来不会有采兰人因为百步蛇，就失去寻找兰花的坚持和勇气。勇气与坚持都是不会随波逐流的，勇气与坚持都需要在最纷乱的时候，保持静心。"

　　是的，勇敢面对，坚持到底，定能闻到兰花的香气。图中的母子就如同采兰人，四个男人就像百步蛇，而那"母子上车处"则如清香的兰花，正义定会战胜邪恶，只有勇敢地面对，才会闻到兰花的香气。

　　在我们的生活中有许多类似"假文盲"的事情，如明明草地上竖立着"请勿践踏草地"的牌子，而有些人偏偏从草地上面走；有"公共场合请勿大声喧哗"的标语，有些人更是无视它的存在。在现实生活中这样的事还有很多，无视这些规定的人都是一些"假文盲"。

　　其实，漫画中的四个男人和日常生活中的"假文盲"，他们的心灵都需要补钙。只有你正确地看待，勇敢认真地对待生活中的每件事情，你的心灵才会充实、美好。

# 雷　雨

刘毅仁

　　整个上午，我都觉得心里憋得慌。我总觉得空气重了起来，似乎每一次的呼吸都不是那么顺畅。爷爷的手也一直按着自己的腰，"痛痛"地喊个不停，我问爷爷怎么了，他说："老毛病了，这天要变了，我这腰啊，就是天气预报呢！"

　　中午，我汗流浃背地吃完午饭。很快，天黑了下来，霎时间，满天乌云笼罩在城南上空，大有"黑云压城城欲摧"之势。

　　"山雨欲来风满楼"，突然，我家和邻居家的玻璃窗啪啪地响起来，狂风冲进了屋里，我好不容易才关紧窗户。透过玻璃窗，只见天地间飞沙走石，一片昏暗。阳台上，花盆被吹得摇摇欲坠。我眯缝着眼睛，胆战心惊地转移花盆。一会儿，街道上的标语纸、广告牌，周围的树木等等，被风吹得发出"哗哗""啪啪""咔嚓"等不和谐的声响，还夹杂着一些尖叫声。

　　片刻，一道道闪电好像一条条身披银光的蛇，瞬间显现，刹那间又消失。雷鸣一声紧接着一声，震耳欲聋，震得大地仿佛都要颤抖起来，窗户也发出沙沙的响声，我吓得屏声息气。好一会儿，我才喘了口气，侧耳一听，风小了，雨小了，雷声闪电也逐渐消失了。

　　夏天的雨来得急可去得也快。约一顿饭工夫，风停了，雨止了，太阳公公又拼命地挤开云层，钻出脑袋来。我打开窗户，空气像过滤了似的，格外清新，窗外的花草树木经过雨的洗礼，昂首挺胸，显得格外有精神。

　　啊！好一阵雷雨啊！

# 美，就在手中

张 理

"哇，你竟然看见了夜明珠，我怎么没看见！"小悦好奇地看着我。

这节课，不，这个下午，科学老师为了让我们更了解岩石，带我们参观了东方地质博物馆。

看完了展柜内一块又一块奇异的岩石，我们来到了售货柜前。咦，这石头这么便宜，才五元。买！于是，我让收银员帮我拿出货柜内这块半拳大小、名叫石榴石的石头。

付款后，我细细端详眼前这石榴石，它的颜色并不像石榴般绚丽，除了红色，只剩下灰黑，再用手摸摸，好粗糙。

"这石榴石也太丑了吧！"我感慨，甚至后悔自己浪费了五元钱。

突然，我脑中闪出了十分钟前的画面。一个直径至少一米五的球体，搁放在一间数米见方的展室内，青翠欲滴。莫非是翡翠球？大伙儿纷纷猜测。

不知哪个调皮的同学关了灯。"哇！夜明珠！"室内的人惊呆了。这球会发光！幽幽又不失高贵的绿光填满了整个房间，梦幻一样照亮了所有人的脸……

这时，我的思绪从神奇的夜明珠拽回，我重瞅手中这石头，越发觉得它丑。

这时，小悦走了过来，听说夜明珠，好奇地缠着我问。

"你知道吗？那夜明珠有那么大！"我兴奋地比画着夜明珠的大小。哪知，"咚"的一声，掌中那颗丑陋无光的石榴石掉到了大理石地砖上。瞬间，它摔成了大大小小无数块，水花溅落般碎落在地……

哇，好诱人的石榴石啊！它的碎片俨然成了熟透的石榴，闪烁着无比诱人的光芒，那么晶莹，那么艳丽，那么璀璨夺目。"好美啊！"众人惊呼。

我万分遗憾，小心翼翼地捡起那一颗颗"珠玉"，感慨不已。这一粒粒如鲜血般绚烂的石榴石啊，美得这样让人惊喜，让我心痛……

后来我上网查知，红榴石是石榴石的一种，它的血红色是铁和铬引起的。这种石头少有内含物，若有，则为圆形，或不规则轮廓晶体。它没有纹理，断口呈贝壳状以致参差不平、粗糙。

原来，石榴石天生丽质！丑陋，只是尘埃遮蔽表象而已。可惜我没有懂，没有认真呵护它。

美，原来就在自己手中啊！

# 那扇黑铁门

王少凡

人生中有无数道门，有宏伟壮丽的大门，有精巧玲珑的小门，有绚丽缤纷的彩门，而我心中却有一扇朴实无华的黑铁门。

几年前，我家刚刚搬入新小区，周围的邻居、小伙伴对我都很友好。可是，这种和谐的气氛没过多久，就被一个姓刘的门卫给打破了。

第一次见到他，就仿佛见到了"凶神"：蓬乱的头发像个鸟窝，极浓的眉毛像两把大刀，外凸的眼球上布满红色的血丝，嘴巴里一口黄得发黑的牙齿，还有那钢针般的胡楂，很是吓人，十足一个"恶煞"。这还不算什么，由于他嗓门很大，一句正常的话从他嘴里出来就是一声炸雷，小朋友们都十分害怕他，背后称他"黑铁门"，就像小区的那扇大门一样。

一天晚上，我在同学家玩到深夜，回到小区时，小区的黑铁门已经关了，门卫室的灯也灭了。如果回不了家，在那寒冷的腊月，我就要被冻成冰棍了。可如果要回家，就得找"黑铁门"，再想想"黑铁门"那狰狞的面目，我不禁打了个寒战。

我实在禁不住冬夜的寒冷，鼓起勇气摇了摇小区大门。门卫室的灯亮了，"黑铁门"披着大衣从门卫室走了出来。他没有言语，从怀中掏出钥匙串，将其他钥匙抖开，手握住冰冷的锁，把大门钥匙缓缓插进去，轻轻一拧，锁开了。他推开黑铁门，用眼神示意我进去。我呆了一下，忙跑了进去。

"谢谢刘大爷。"从我嘴里不由自主地蹦出这几个字，我愣了一下，他也呆了一下，眼神与我交汇到一起，里面满是惊讶。我看得出他很高兴。

当我转身离去的时候，只听见了黑铁门的吱吱声。从那以后，我与"黑铁门"之间的隔膜慢慢消失了，对他的关注自然也多了一些。我发现小区哪里有需要，哪里就有"黑铁门"的身影，我对他的敬意也日益增多。

如今，刘大爷去世了，他用半生去守候的那扇黑铁门也被拆掉了。但我心中的那扇黑铁门却没有消失，听，黑铁门又吱吱地打开了……

# 月牙湾看石

杜雨欣

暑假里，我和爸爸去长岛游玩。

长岛位于蓬莱仙城，那里有许多著名的景点：九丈崖、鸥翅湾、月牙湾……

首先我们来到九丈崖，顺着阶梯下去，我一眼看到石壁上刻着三个大字"九叠石"。我疑惑地问爸爸："它有十二块石头重叠，为什么叫九叠石呢？"爸爸告诉我，古时候"九"表示很多的意思，所以才起这么个名字。

九丈崖的旁边是鸥翅湾，这个名字是怎么来的呢？站在高台上，我仔细地观察，终于发现了秘密，原来它的形状像一只展翅飞翔的海鸥。听导游讲，古时候这里发生海啸，眼看就要吞没村庄田地时，一只巨大的海鸥展翅阻挡了海水，人们为了纪念这只海鸥，把这里叫作鸥翅湾。

接着我们去了我梦寐以求的地方——月牙湾。到了那里，我迫不及待地冲到石子滩上捡鹅卵石。这里的石头十分美丽：红的、白的、绿的，大大小小，五彩缤纷，好美啊！有一块石头，圆圆的，好像天上的月亮，上面的图案简直就是天空中的晚霞，它与地上雪白的蒲公英相互辉映成了一幅迷人的"地上画"。还有一块石头，椭圆形的，半灰半黄，颜色特别艳丽，真漂亮。此外还有许多形态各异的石头，有的像老鼠的身子，紫色的上面有一些淡淡的白色花纹；有的像玉米粒，黄色的，与真的玉米粒一般大小……我和爸爸一边捡石头，一边给它们起名字，一些有意思的名字都快把我的肚皮笑破了。

大自然真是太神奇了，连石头都是这样千奇百怪！